Marcus Gossler

Lexikon Grenzwissenschaften

Marcus Gossler

Lexikon
Grenzwissenschaften

Tatsachen, Phänomene und Theorien
zu Psi, Esoterik, Magie, Mathematik,
Physik, Astronomie

Gondrom

Sonderausgabe für Gondrom Verlag GmbH & Co. KG, Bindlach 1990
© 1988 mvg – Moderne Verlagsgesellschaft, Landsberg am Lech
Umschlaggestaltung: Creativ Werbe- und Verlags-GmbH,
U. Kolb, Leutenbach
Gesamtherstellung: Ebner Ulm
ISBN 3-8112-0711-3

Inhalt

Vorwort 7

1. Kapitel
Psi und Esoterik 9

2. Kapitel
Magie 91

3. Kapitel
Mathematik, Physik und Kosmologie 105

4. Kapitel
Diverses 129

Appendix I
Statistische Methoden der Parapsychologie . . . 143

Appendix II
Das Leben nach dem Tod – Ein Erlebnisschema . . 149

Appendix III
Räumliche und zeitliche Modelle 151

Kommentare und Anmerkungen 155

Hinweise zur Etymologie 167

Bibliographie 169

Personen- und Sachregister 185

Vorwort

Die Absicht, mit der das vorliegende Buch geschrieben wurde, erschöpft sich nicht darin, die heute bereits unüberschaubare Liste parapsychologischer und esoterischer Werke um einen weiteren Titel zu verlängern. Vielmehr soll es sich in drei wesentlichen Punkten von der üblichen Literatur über die darin behandelten Themen abheben:

Erstens ist es weder ein wissenschaftliches Buch (von diesen gibt es ohnedies nur sehr wenige), noch eines der vielen unwissenschaftlichen Bücher, die sich aber als wissenschaftlich ausgeben. Die darin beschriebenen Sachverhalte und Begebenheiten wurden von mir nur gesammelt und kommentiert, nicht aber überprüft oder durch eigene Forschungen vermehrt. Auch sollen sie nicht die Richtigkeit der dargebotenen esoterischen Denkmodelle beweisen, sondern eher als Illustrationen dienen.

Zweitens ist es nicht meine Absicht, okkultgläubige Leser zu erbauen oder nüchtern denkende zu bekehren. Im Gegenteil: es liegt mir daran zu zeigen, daß eine gewisse „gesunde Skepsis" auch in der Esoterik durchaus am Platz ist, daß aber andrerseits eine kritisch-wissenschaftliche Geisteshaltung allein noch keineswegs eine Ablehnung esoterischen Gedankengutes nahelegt. Damit im Zusammenhang steht eine klare Absage an die dogmatische Betrachtungsweise der besprochenen Phänomene im Sinne einer Religion oder auch nicht-religiöser Ideologien.

Drittens schließlich ist dieses Buch auch kein enzyklopädisches Nachschlagewerk, obwohl es (bedingt durch die Gliederung in diskrete Fragen mit kurzen Antworten und das ausführliche Register) bis zu einem gewissen Grad auch die Funktion eines Lexikons zu erfüllen vermag. Denn der Auswahl der gebotenen Informationsdetails lag zwar das Bestreben zugrunde, alle weltweit berühmten Einzelheiten mehr oder weniger zu berücksichtigen, aber darüber hinaus wurden vor allem skurrile, witzige oder aus anderen Gründen merk-würdige Fakten gezielt einbezogen, die in besonderem Maße das Interesse des Lesers zu wecken versprachen.

Das Kapitel über Kosmologie nimmt insofern eine Sonderstellung ein, als sein Inhalt durchwegs im Bereich oder wenigstens im Vorfeld der anerkannten Wissenschaft steht und keine esoterische Komponente enthält. Dennoch habe ich die Erfahrung gemacht, daß selbst unbestrittene und wissenschaftlich (im wesentlichen) geklärte astronomische Phänomene, wie beispielsweise Schwarze Löcher, den meisten Menschen noch viel rätselhafter und irrealer erscheinen, als so manches Paranormale. So war es gerade für mich (ich bin selbst Astronom) naheliegend, diese Dinge miteinzubeziehen.

Die Auswahl der Fragen und die Formulierung der Antworten zielen darauf ab, durchschnittlich gebildeten Lesern in informierendem Plauderton möglichst viele neuartige Sachverhalte und Denkweisen nahezubringen, die Gegenstand grenzwissenschaftlicher Betrachtungen sind oder ganz allgemein in der ungewissen Grauzone zwischen verstehbarer wissenschaftlicher Realität und gänzlich abstrakter philosophischer Spekulation liegen.

Die Reihenfolge der Themen ist dort, wo es sinnvoll schien, von aufbauend-vertiefender Art, andernfalls zwanglos. Es ist übrigens nicht notwendig, dieses Buch am Anfang zu beginnen. Man kann es auch an einer beliebigen Stelle aufschlagen und allenfalls unverständliche Begriffe mit Hilfe des Registers (S. 155) klarstellen[1].

Die Fragen, deren Beantwortung auf den folgenden Seiten versucht wird, sind Grenzfragen des Realen, Fragen also, die aus dem Bereich anerkannten oder vorstellbaren Wissens hinausführen und die aus diesem Grund eine ganz eigentümliche Faszination auf uns Menschen ausüben. Man sollte sich dieser Faszination nicht schämen, denn sie ist ein Teil jener Neugier, die letztlich auch jedem wissenschaftlichen Erkenntnisstreben zugrundeliegt. Ich beglückwünsche daher jeden, dem es gelingt, dieses Buch nicht nur mit Gewinn, sondern auch mit Vergnügen zu lesen.

April 1985   Dr. Marcus Gossler

1. Kapitel
Psi und Esoterik

1 Was ist außersinnliche Wahrnehmung?

Als außersinnliche Wahrnehmung (abgekürzt ASW) wird das Phänomen bezeichnet, daß eine Person Informationen erhält, die weder durch Denken noch durch Vermittlung der körperlichen Sinne (Sehen, Hören, Tasten, etc.) gewonnen werden konnten. Außersinnliche Wahrnehmungen sind mit den Mitteln der heutigen Physik nicht erklärbar.

2 Was ist Psychokinese?

Man versteht darunter die Fähigkeit einer Person, auf rein psychischem Weg materielle Gegenstände zu beeinflussen (also z. B. zu bewegen). Die Psychokinese (abgekürzt PK), für die auch die Bezeichnung Telekinese im Gebrauch ist, kann heute physikalisch noch nicht erklärt werden.

3 Was ist Psi?

Psi ist der 23. Buchstabe des griechischen Alphabets (Ψ) und der erste des griechischen Wortes für Seele (Psyche).[2] Er dient zur gemeinsamen Bezeichnung für außersinnliche Wahrnehmung und Psychokinese sowie gegebenenfalls anderer paranormaler (= physikalisch nicht erklärbarer) Phänomene, die mit psychischen Vorgängen in Zusammenhang stehen.

4 Was ist Parapsychologie?

Die Parapsychologie ist jene Wissenschaft, die sich mit der Erforschung der Psi-Phänomene beschäftigt. Der Begriff wurde 1889 von Max Dessoir geprägt.

5 Was ist Animismus?

In der Parapsychologie versteht man unter Animismus die Theorie, wonach alle Psi-Phänomene ausnahmslos auf die Wirkung lebender Menschen (oder anderer Organismen) zurückgeht. Die Existenz von Geistern, die keinen materiellen

Körper (mehr) haben, wird abgelehnt. Die gegenteilige Auffassung, daß also manche Phänomene von Geistern bewirkt werden, heißt (wissenschaftlicher) Spiritismus. Seit einigen Jahrzehnten ist der Animismus unter Parapsychologen stark vertreten (z. B. J. B. Rhine, H. Bender u. a.).

6 Was ist Spiritismus?

Der wissenschaftliche Spiritismus ist die Theorie, wonach es Geister gibt, die zur Erklärung verschiedener parapsychologischer Phänomene notwendig sind (im Gegensatz zum Animismus, der sie leugnet). Im volkstümlichen Sinn bezeichnet man als Spiritismus alle Aktivitäten, die unternommen werden, um mit Geistern (insbesondere solchen von Verstorbenen) in Kontakt zu treten.

7 Was ist Esoterik?

Esoterik ist eine zusammenfassende Bezeichnung für alle nicht-religiösen Theorien und Erfahrungen, die über das physikalische Weltbild und auch über die Erkenntnisse der wissenschaftlichen Parapsychologie hinausgehen. Im wesentlichen handelt es sich dabei um traditionelles Gedankengut, das durch Intuition, astrale Erlebnisse und spiritistische Informationen genährt wird. Die Esoterik umspannt das Gebiet zwischen der exakten Wissenschaft und der spiritualistischen Philosophie. Ursprünglich bedeutete das Wort Esoterik Geheimlehre, also ein nur wenigen Menschen zugängliches Wissen.

8 Was ist ESP?

ESP ist die ursprüngliche, englische Bezeichnung für ASW, nämlich die Abkürzung für „extra sensory perception" (außersinnliche Wahrnehmung). Der Ausdruck wurde von dem amerikanischen Parapsychologen J. B. Rhine geprägt.

9 Was ist Telepathie?

Die Telepathie ist eine Form der außersinnlichen Wahrnehmung, bei der Informationen (Gedanken, Gefühle, etc.) von einer Person auf eine andere übertragen werden. Der Begriff wurde von F. W. H. Myers geprägt. Mitunter bezeichnet man die beiden beteiligten Personen auch als „Sender" und „Empfänger".

10 Wer ist der aktive Partner einer telepathischen Übertragung, der Sender oder der Empfänger?

Das ist nicht bekannt. Vielleicht gibt es beide Möglichkeiten. Es wäre aber auch denkbar, daß die Prinzipien der Übertragung so beschaffen sind, daß diese Frage sinnlos wird.

11 Was sind Agenten und Perzipienten?

Agenten sind die Sender und Perzipienten die Empfänger telepathischer Botschaften.

12 Was ist Hellsehen?

Hellsehen (vielfach verwendet man auch das französische Wort Clairvoyance) ist die außersinnliche Wahrnehmung von Sachverhalten, die niemandem sonst bekannt zu sein brauchen (es gibt dabei also keinen Sender). Die solcherart erfahrenen Vorgänge geschehen zu dem Zeitpunkt, zu dem sie wahrgenommen werden. Die analoge Erfahrung vergangener Ereignisse heißt Retrokognition.

13 Was ist Präkognition?

Präkognition ist die außersinnliche Wahrnehmung von Begebenheiten oder Zuständen, die zum Zeitpunkt der Wahrnehmung noch nicht eingetreten sind, jedoch später eintreten werden. Präkognition liegt auch dann vor, wenn das Vorausgesehene nicht eintritt, indem es gerade durch dieses vorzeitige Wissen verhindert wird. Hat eine präkognitive Wahrnehmung den Charakter einer Warnung, so bezeichnet man sie auch als Prämonition.

14 Kann man Psi wissenschaftlich beweisen?

Ja. Zu diesem Zweck werden Experimente gemacht, bei denen eine Versuchsperson Informationen raten muß, die sie – wenn überhaupt – nur durch außersinnliche Wahrnehmung erfahren kann, weil alle Sinneskontakte abgeschirmt sind. Das können z. B. Ziffern sein, an die eine andere Person gerade denkt. Sind viele (tausende) solcher Ziffern zu erraten, so läßt sich leicht berechnen, wieviele Treffer (also wieviele richtige Antworten) durch reinen Zufall zu erwarten sind. (Bei 10 verschiedenen Ziffern ist beispielsweise in einer Folge von 10 000 Ziffern mit etwa 1000 Treffern zu rechnen.) Liegt die Trefferquote höher, so kann man mathematisch die Wahrscheinlichkeit dafür errechnen, daß dieser Trefferüberhang durch Zufall bzw. durch etwas anderes als Zufall bewirkt wurde. Da die dafür notwendigen Formeln nur gelten, wenn die zu ratenden Objekte eine völlig zufällige Reihenfolge aufweisen, werden heute spezielle elektronische Geräte (Zufallszahlengeneratoren) benutzt, die mit Hilfe des radioaktiven Zerfalls diese Zufälligkeit sicherstellen. Bei korrekter Ausschaltung aller anderen Möglichkeiten kann dieser nicht-zufällige Faktor nur Psi sein. Ein Ergebnis gilt als signifikant (d. h. statistisch bedeutsam), wenn die berechnete Wahrscheinlichkeit des zu messenden Psi-Effekts höher als 1 : 100 ist. Tatsächlich wurden in zahlreichen Experimenten oft astronomisch hohe Wahrscheinlichkeiten gemessen.

Psychokinese-Experimente verlaufen ganz analog, nur daß das Ergebnis des Zufallszahlengenerators nicht erraten sondern beeinflußt werden soll. Die dabei ermittelten Wahrscheinlichkeiten sind zwar niedriger als für ASW, aber immer noch hochsignifikant.

Weitere Informationen über die Anwendung der Statistik in der Parapsychologie finden sich im Appendix I.

15 Wer war J. B. Rhine?

Joseph Banks Rhine war der berühmteste Parapsychologe. Er leitete drei Jahrzehnte lang das parapsychologische Laboratorium an der Duke University in Durham (North Carolina, USA) und gilt als Begründer der modernen wissenschaftlichen Parapsychologie. Ihm gelang erstmals der statistische Nachweis der außersinnlichen Wahrnehmung und der Psychokinese. Auch seine Frau Louisa Ella Rhine ist eine bekannte Parapsychologin.

16 Was sind Zener-Karten?

Zener-Karten sind eigens für ASW-Experimente entwickelte Karten, die nach ihrem Urheber Karl Zener (einem Assistenten J. B. Rhines) benannt sind. Sie enthalten die 5 Symbole Kreis, Dreieck, Quadrat, Kreuz und 3 Wellenlinien. Ein Paket zu

25 Karten enthält jedes Symbol fünfmal. Heute werden die Zener-Karten auch oft als ASW-Karten bezeichnet.

17 Wodurch sind Sinclairs Telepathieexperimente so bekannt geworden?

Ende der 20er Jahre unternahm der amerikanische Schriftsteller Upton Sinclair qualitative telepathische Experimente mit seiner Frau, die (z. T. aus großer Entfernung) versuchte, Zeichnungen paranormal zu empfangen. Die ziemlich erfolgreichen Versuche wurden 1930 unter dem Titel „Mental Radio" veröffentlicht. Albert Einstein verfaßte das Vorwort zu diesem Buch. Sinclairs Versuche waren ein wichtiger Anstoß zur Gründung des Laboratoriums an der Duke University durch William McDougall[3] (der Sinclair persönlich kannte) und J. B. Rhine.

18 Wer ist Helmut Schmidt?

Schmidt ist ein deutsch-amerikanischer Physiker und Parapsychologe. Er entwickelte elektronische Zufallsgeneratoren auf radioaktiver Basis, die die quantitativen parapsychologischen Experimente wesentlich unanfechtbarer machten, als dies bis dahin durch Kartenmischen und Würfeln möglich war.

19 Was versteht man unter Psi-missing?

Damit ist der Effekt gemeint, daß in einer parapsychologischen Testserie signifikant weniger Treffer erzielt werden, als durch Zufall zu erwarten wären. Das bedeutet, daß die Wirkung von Psi dem bewußten Willen der Versuchsperson entgegengesetzt ist. Psi-missing tritt zumeist bei introvertierten, skeptischen Personen auf, die nicht an Psi bzw. ihren Erfolg im Experiment glauben. Gertrud Schmeidler nannte diesen Personentyp „Ziegen" (goats), im Gegensatz zu den extrovertierten, Psi-gläubigen „Schafen" (sheep), die eher positive Ergebnisse (Psi-hit) erzielen. Der Effekt des Psi-missing ist statistisch gesichert.

20 Was ist der Decline-Effekt?

Es zeigt sich, daß innerhalb einer parapsychologischen Testserie signifikante Resultate eher zu Beginn auftreten, und später, vermutlich bedingt durch Ermüdung und Langeweile, die Leistungen abfallen. Erst gegen Ende erfolgt wieder ein Anstieg.

Dieser – statistisch gesicherte – Effekt wurde von J. B. Rhine entdeckt und tritt bei Psi-hit und Psi-missing gleichermaßen auf.

21 Was versteht man unter einem High-Scorer?

Das ist eine Person, die in einem quantitativen Experiment besonders signifikante Ergebnisse erzielt. Da es davon nur wenige gibt, werden parapsychologische Versuche meist nach ihnen (und den Experimentatoren) benannt.

22 Sind berühmte Sensitive im quantitativen Labortest entsprechend erfolgreich?

Meist nicht. Viele von ihnen empfinden derartige Experimente als langweilig und unanschaulich, was ihre Erfolge stark beeinträchtigt.

23 Wer war Hubert Pearce?

Hubert E. Pearce jun. ist der berühmteste High-Scorer in der Geschichte der Parapsychologie. Er war in den 30er Jahren Theologiestudent an der Duke University und die Versuchsperson des Pearce-Pratt Experiments. Seine markanteste Leistung waren lauter Treffer (25) bei einem Durchgang mit Zener-Karten. Die Wahrscheinlichkeit, daß es sich dabei nicht um Psi, sondern bloß um Zufall handelte, beträgt nicht einmal 1 : 298 Billiarden.

24 Wer ist Hans Bender?

Professor Bender war bis 1975 der Leiter des Instituts für Parapsychologie und Grenzgebiete der Psychologie an der Universität Freiburg im Breisgau (BRD). Er gilt als bedeutendster deutscher Parapsychologe. Sein Nachfolger an diesem Institut ist J. Mischo.

25 Was waren die Achtert-Zutz Experimente?

Ende der 60er Jahre wurden in Freiburg ASW-Experimente mit den Studenten L. Achtert und S. Zutz durchgeführt, wobei sich Signifikanzen bis zu 1 : 1 Milliarde ergaben. Eine spätere Wiederholung blieb jedoch erfolglos.

26 Was ist der Inhibitionseffekt?

Es ist zu vermuten, daß manche Menschen die Fähigkeit besitzen, Psi-Effekte bei anderen unbewußt zu beeinträchtigen oder ganz zu verhindern. Vor allem besonders skeptische Personen, die eine unbewußte Abneigung gegen Psi hegen, kommen dafür in Frage. Es wäre dies eine Erklärung dafür, daß manche gelungene Experimente in Gegenwart besonders kritischer Gelehrter nicht erfolgreich wiederholt werden können.

27 Was ist der Fokal-Effekt?

Darunter versteht man die Bevorzugung bestimmter Ziele in einem ASW-Axperiment durch die Versuchsperson. (D. h. bei bestimmten zu ratenden Zielinformationen ist die Signifikanz der Ergebnisse deutlich höher, als bei anderen.) Der Fokal-Effekt wurde an dem bekannten tschechischen High-Scorer Pavel Stepanek in den 60er Jahren entdeckt.

28 Wurde ASW jemals im Weltraum getestet?

Ja. 1971 führte Edgar D. Mitchell anläßlich des Fluges von Apollo 14 Experimente mit Zener-Karten durch. Dabei konnte ein signifikanter Psi-missing Effekt erzielt werden.

29 Was sind Sweethearts-Experimente?

Das sind telepathische Experimente zwischen Personen mit engen gegenseitigen Bindungen. Auf diese Weise hoffte man, die telepathischen Leistungen zu erhöhen. Die Ergebnisse waren jedoch zumeist enttäuschend.

30 Warum wird die Parapsychologie trotz der statistischen Beweise nicht allgemein als vollwertige Wissenschaft anerkannt?

Das hat mehrere Ursachen. Die wichtigste liegt darin, daß parapsychologische Versuchsergebnisse im allgemeinen nicht reproduzierbar sind, d. h. sie können nicht jederzeit von jedem anderen Wissenschaftler nachgeprüft werden. Das ist zwar in der Psychologie nichts Ungewöhnliches, denn auch andere (z. B. schöpferische) Leistungen eines Menschen sind nicht beliebig wiederholbar, aber da die parapsychologischen Ergebnisse der Physik widersprechen, werden an sie besonders strenge

Maßstäbe angelegt. Dazu kommt noch, daß die Parapsychologie die einzige Wissenschaft ist, die in nennenswertem Ausmaß gegen Betrug ankämpfen muß. Auch der Inhibitionseffekt wird mitunter als Folge von Betrug interpretiert, da ja auch Betrug durch die Anwesenheit skeptischer Beobachter erschwert wird. Ein weiterer Grund für die Ablehnung der Parapsychologie ist die Tatsache, daß ihre Ergebnisse völlig außerhalb unseres gegenwärtigen naturwissenschaftlichen Weltbildes liegen, und nicht einmal Ansätze zu einer theoretischen Klärung existieren.

31 Sind alle Arten von ASW gleich gut gesichert?

Nein. So paradox es klingt, aber wirklich gesichert ist nur eine Form der außersinnlichen Wahrnehmung, und zwar jene, die für die meisten Menschen am schwersten zu glauben ist: die Präkognition. In jedem Experiment, das z. B. Telepathie oder Hellsehen testen soll, müssen die gegebenen Antworten später mit den richtigen verglichen werden, um eine Auswertung zu ermöglichen. Aus diesem Grunde kann bei keinem ASW-Versuch die Präkognition als Quelle der paranormalen Information ausgeschlossen werden. Hingegen bietet es keine Schwierigkeiten, präkognitive Fähigkeiten isoliert zu untersuchen, indem die geratene Zufallsfolge erst später erzeugt wird. Darüber hinaus hat es den Anschein, als ob die Einteilung der außersinnlichen Wahrnehmung in Telepathie, Hellsehen, Präkognition etc. eine künstliche ist, die mit der wahren Natur der Phänomene nicht im Einklang steht. Heute spricht man vielfach lieber von allgemeiner ASW, um diesen Sachverhalt zum Ausdruck zu bringen.[4]

32 Könnte es sein, daß Telepathie so ähnlich funktioniert, wie das Radio?

Nein. Elektromagnetische Wellen, wie sie beim Radio verwendet werden, lassen sich durch einen sogenannten „Faraday-Käfig" abschirmen, ohne jedoch die Telepathie zu beeinträchtigen. Alle physikalischen Wellen sinken in ihrer Stärke mit dem Quadrat der Entfernung ab, was bei Telepathie ebenfalls nicht beobachtet werden konnte. Außerdem ist zu bedenken, daß alle anderen Formen von Psi (Hellsehen, Präkognition, etc.), die offensichtlich auf denselben Mechanismen beruhen, ohnehin auf diese Weise nicht erklärt werden könnten.

33 Was ist ein qualitatives Experiment?

Qualitative Experimente sind solche, bei denen sich (im Gegensatz zu den quantitativen) keine Treffer oder Nieten abzählen lassen. Beispielsweise kann die Aufgabe lauten, ein Bild durch ASW zu erkennen und nachzuzeichnen. Der Grad der Ähnlichkeit der beiden Bilder ist nur ungenau gefühlsmäßig zu erfassen. Deshalb kann bei qualitativen Experimenten auch keine konkrete Wahrscheinlichkeit für das Auftreten von Psi berechnet werden, lediglich gewisse Abschätzungen sind mitunter möglich.

34 Was war der Nautilus-Test?

Nautilus war das erste Atom-Unterseeboot. Es überquerte 1958 unterhalb der Eisdecke den Nordpol. Während dieser Zeit, da keine Radiokommunikation mit der Außenwelt möglich war, wurden angeblich erfolgreiche Telepathie-Tests zwischen Besatzungsmitgliedern und Versuchspersonen in Amerika vorgenommen.

35 Ist jemals in der Parapsychologie ein Fall von Betrug durch einen Wissenschaftler vorgekommen?

Vermutlich gab es einen solchen Fall. Walter J. Levy, der Anfang der 70er Jahre das parapsychologische Laboratorium in Durham (North Carolina) leitete, wurde im Zusammenhang mit Experimenten über Psi bei Tieren von seinen Kollegen des Betrugs verdächtigt und entlassen. Der Beweis für das tatsächliche Vorliegen betrügerischer Absichten konnte zwar nicht erbracht werden, dennoch fügte der Fall dem Ansehen der Parapsychologie erheblichen Schaden zu. Die betroffenen Experimente wurden später (mit negativem Ergebnis) wiederholt.

36 Was ist Paragnosie?

Ein anderer Ausdruck für außersinnliche Wahrnehmung. Menschen mit einschlägigen Fähigkeiten heißen Paragnosten.

37 Wer war Professor Tenhaeff?

Wilhelm Heinrich Carl Tenhaeff war der Inhaber des ersten ordentlichen Lehrstuhls für Parapsychologie, der 1953 an der Universität Utrecht (Holland) gegründet wurde. Er war in der

Öffentlichkeit vor allem durch seine Untersuchungen der ASW-Fähigkeiten des Holländers Gérard Croiset bekannt.

38 Wer war Croiset?

Gérard Croiset war ein durch seine ASW-Fähigkeiten sehr bekannter und insbesondere von Tenhaeff ausführlich untersuchter Holländer. Am berühmtesten waren die mit ihm durchgeführten Platzexperimente und seine paragnostische Hilfe bei der Aufklärung von Kriminalfällen.

39 Was sind Platzexperimente?

Platzexperimente sind präkognitive Versuchsanordnungen, wobei nähere Angaben über Personen gemacht werden, die bei einer bevorstehenden Veranstaltung auf ganz bestimmten Stühlen Platz nehmen werden. Seit 1926 wurden solche Experimente immer wieder mit Erfolg durchgeführt.

40 Wer war Professor Wassiliew?

Leonid Leonidowitsch Wassiliew war Physiologe in Leningrad. Er wurde dadurch bekannt, daß er erstmals in der Sowjetunion parapsychologische Forschungen auf Universitätsebene durchführte. Diese wurden jedoch nach seinem Tod 1966 abgebrochen.[5]

41 Wer ist Nina Kulagina?

Das ist der bürgerliche Name der als „Nelja Michailowa" bekanntgewordenen Leningrader Hausfrau, die als die berühmteste psychokinetische Versuchsperson unseres Jahrhunderts gilt. Sie wurde erst von Wassiliew und später von anderen Parapsychologen untersucht. Sie konnte unter kontrollierten Bedingungen ohne physischen Kontakt z. B. kleine Gegenstände heben, Magnetnadeln ablenken oder in einem Glas Eiklar und Dotter voneinander trennen. Ausgedehnte Forschungen über ihre Fähigkeiten wurden jedoch von den sowjetischen Behörden vereitelt, die die Parapsychologie aus ideologischen Gründen ablehnen.

42 Wer ist Uri Geller?

Uri Geller ist ein Israeli, der durch die Fähigkeit, Metallgegenstände auf paranormale Weise zu verbiegen, in den 70er Jahren weltweit bekannt wurde. Seine ASW-Leistungen wurden am berühmten Stanford Research Institute geprüft (H. Puthoff, R. Targ) und 1974 in der Zeitschrift „Nature" veröffentlicht.

43 Was ist der Geller-Effekt?
Bei Fernsehauftritten Uri Gellers in Europa berichteten zahlreiche Zuschauer, daß sich auch bei ihnen unerklärliche Verbiegungen an Schlüsseln und Besteck ereignet hätten. Vermutlich wurden durch die Fernsehshow latente PK-Fähigkeiten der Zuschauer geweckt.

44 Wie funktioniert eine Wünschelrute?
Wünschelruten sind Gegenstände (meist aus Holz oder Metall), die in der Hand gehalten auf bestimmte Veränderungen im Bereich unterhalb des Erdbodens reagieren („ausschlagen"). Auf diese Weise werden Wasseradern oder Erzlager gesucht. Da manche Menschen damit auch dann Erfolg haben, wenn sie nicht in der Landschaft, sondern über der Landkarte „wünscheln" (bzw. nach einer anderen Methode „pendeln"), so scheint es sich eher um einen parapsychologischen, als um einen physikalischen Effekt zu handeln. Wahrscheinlich wird das Anschlagen der Wünschelrute unbewußt vom Rutengänger hervorgerufen, der die Örtlichkeit mit Hilfe von ASW ermittelt. Demnach würde es sich um eine Form von Automatismus (→ 199) handeln. Das Wünscheln wird mit einem englischen Wort oft auch als Dowsing bezeichnet.

45 Was ist Radiästhesie?
Das Wort bedeutet Strahlenfühligkeit und bezeichnet die Fähigkeit des Wünschelrutengehens oder Pendelns.

46 Was sind Koordinationspunkte?
Angeblich sind nicht alle Stellen im Universum (bzw. auf der Erdoberfläche) gleichwertig. Vielmehr soll es ein (für uns undurchschaubares) mathematisches Muster von Punkten geben, die aufgrund ihrer bloßen Lage z. B. Psi-Phänomene erleichtern oder das Wohlbefinden der Menschen beeinflussen können. Sollte diese Ansicht richtig sein, so wären auch Zusammenhänge mit den von Wünschelrutengängern oft fälschlich so bezeichneten „Wasseradern" denkbar.

47 Was sind Gedankenphotos?

Darunter versteht man photographische Bilder, die nicht durch Licht, sondern auf psychokinetischem Weg entstanden sind. Gedankenphotos (sie werden auch als Thought-Pictures bezeichnet) sind gegenwärtig in der Parapsychologie umstritten.

48 Wer ist Ted Serios?

Ted Serios aus Chicago ist die bisher einzige Versuchsperson, die dadurch bekannt wurde, daß sie (angeblich) Gedankenphotos erzeugen kann. Seine heute umstrittenen Leistungen wurden von Jule Eisenbud untersucht.

49 Was sind spontane Psi-Phänomene?

In den meisten Fällen tritt Psi plötzlich und unerwartet auf, ohne daß irgendeine Anstrengung unternommen wurde, es herbeizuführen. Ganz allgemein heißt „spontan" jedes Ereignis, das entweder keine Ursache hat, oder von dem man die Ursache zumindest nicht kennt.

50 Sind paranormale Fähigkeiten erblich?

Möglicherweise. Es wird mitunter beobachtet, daß Psi in manchen Familien über Generationen auftritt. Ein strenger Beweis für die Erblichkeit ist jedoch noch nicht erbracht worden.

51 Hängen Psi-Fähigkeiten von der Intelligenz ab?

Kaum. Lediglich Menschen mit einem scharfen analytischen Intellekt können durch diesen behindert werden.

52 Läßt sich Psi irgendwie beeinflussen oder trainieren?

Am ehesten tritt Psi auf, wenn das normale Wachbewußtsein beeinträchtigt ist, etwa im Zustand der Unkonzentriertheit oder Schläfrigkeit, sowie dann, wenn eine andere Bewußtseinsart vorherrscht (Traum, Hypnose, Trance, Meditation). Inwieweit paranormale Fähigkeiten erlernt oder trainiert werden können, ist umstritten.

53 Was ist Biofeedback?

Biofeedback ist ein Rückkopplungsvorgang, bei dem unbewußte Körperfunktionen sichtbar gemacht werden (z. B. Gehirnwellen durch Aufzeichnung mit einem Elektroenzephalographen), sodaß die Versuchsperson ihre Reaktion kontrollieren kann, und dadurch lernt, diese normalerweise unbewußten Funktionen bewußt zu steuern.

54 Was sind Alphawellen?

Darunter versteht man eine bestimmte Art elektrischer Schwingungen im Gehirn, wie sie für den Zustand der Entspannung typisch sind. Es wird vielfach vermutet, daß Alphawellen (bzw. der psychische Zustand, der sie bewirkt) das Auftreten von Psi erleichtern. Diese Schwingungen können durch die Methode des Biofeedback trainiert werden. Alphawellen dürfen nicht mit Alpha-Strahlen verwechselt werden, die beim radioaktiven Zerfall auftreten.

55 In welcher Weise hängt Psi von der Distanz ab?

Es gibt einige schwache Hinweise für ein Absinken paranormaler Effekte mit zunehmender Entfernung. Mit Ausnahme der sogenannten Poltergeist-Phänomene wird jedoch im allgemeinen keine Distanzabhängigkeit beobachtet.

56 Können Psi-Fähigkeiten auch wieder verlorengehen?

Ja. Dafür gibt es unzählige Beispiele. Abgesehen davon können sie auch kurzzeitig aussetzen, sodaß man sich niemals auf sie verlassen kann. Medien, die von diesen Fähigkeiten leben, sind dann oft versucht, solche Leistungslücken durch Betrug zu verbergen.

57 Kann sich die Präkognition beliebig weit in die Zukunft erstrecken?

Diese Frage läßt sich z. Z. nicht schlüssig beantworten, es wird jedoch zumeist vermutet, daß keine zeitliche Grenze existiert. Prämonitionen haben meist Zeitdistanzen in der Größenordnung von Tagen oder Wochen.[6]

58 Tritt außersinnliche Wahrnehmung bei allen Arten von Informationen gleich häufig auf?

Nein. Es zeigt sich statistisch ein deutlicher Überhang bei unerfreulichen Informationen, die mit Schmerz, Leid, Krankheit, Tod etc. in Zusammenhang stehen.

59 Wurde ASW schon jemals für die Suche nach archäologischen Objekten eingesetzt?

Ja. 1907 wurde Frederick Bligh Bond beauftragt, die Fundamente der im 16. Jahrhundert zerstörten Kathedrale von Glastonbury (England) auszugraben. Da keine Pläne mehr existierten, benutzte er automatische Niederschriften eines Freundes als Grundlage für die Grabungen. Obwohl sich diese als weitgehend richtig erwiesen, wurde Bond wegen unwissenschaftlichen Vorgehens entlassen. Ein anderer Fall betrifft die Auffindung etruskischer Gräber durch die italienische Wünschelrutengängerin Maria Mattaloni.

60 Gab es schon Versuche, Psi bei Glücksspielen einzusetzen?

Sicherlich. Besonders bemerkenswerte Erfolge wurden dabei jedoch noch keine berichtet, was einigermaßen erstaunlich ist. Manche Parapsychologen vermuten, daß die Konzentration auf materielle Vorteile die Psyche in einer für Psi ungünstigen Weise beeinflußt, allerdings ist diese Erklärung nicht sehr befriedigend.

61 Was ist ein Apport?

Darunter versteht man ein paranormales Transportieren von Gegenständen oder Personen, insbesondere, wenn dabei andere feste Objekte (z. B. Wände) unbeschädigt durchdrungen werden. Strenggenommen ist Apport nur das Heranschaffen von Gegenständen auf diese (wohl psychokinetische) Weise. Der allgemeine Fall heißt Teleport.

62 Was ist ein Ringexperiment?

Das ist ein Versuch zum Apportphänomen. Dabei sollen zwei getrennte Ringe psychokinetisch ineinandergehängt werden. Die bisherigen Ergebnisse sind umstritten.[7]

63 Gibt es auch Psi bei Tieren?

Vermutlich ja. Zahlreiche Versuche über ASW und Psychokinese bei Tieren haben positive Resultate erbracht. In Amerika hat sich der Ausdruck Anpsi (= Kurzform für animal-psi) zur Bezeichnung dieser Effekte eingebürgert.

64 Was ist Psi-Trailing?
Darunter versteht man den Effekt, daß Haustiere, die anläßlich einer Übersiedlung ihrer Besitzer zurückgelassen werden, diese suchen und wiederfinden. Dabei werden oft bedeutende Entfernungen (mehrere tausend Kilometer) durch eine dem Tier völlig unbekannte Landschaft zurückgelegt. Psi-Trailing ist ein gutes Indiz für tierische ASW-Fähigkeiten.

65 Hat das Orientierungsvermögen der Zugvögel eine paranormale Komponente?
Vielleicht. Das Phänomen ist noch nicht gut genug erforscht, um Psi nachzuweisen oder auszuschließen. Zur Gänze beruht diese Orientierung sicher nicht auf ASW.

66 Haben auch Pflanzen paranormale Fähigkeiten?
Möglicherweise. Mit Hilfe eines Polygraphen (= Lügendetektors) gelang es Cleve Backster Reaktionen von Pflanzen auf menschliche Absichten und auf das Sterben von Tieren zu beobachten. Außerdem schienen die Pflanzen in der Lage zu sein, Menschen wiederzuerkennen. Seine Experimente konnten jedoch seither nicht erfolgreich wiederholt werden, sodaß sie nach wie vor ziemlich umstritten sind.

67 Was ist Findhorn?
Findhorn liegt an der Nordküste Schottlands und ist seit den 60er Jahren der Sitz einer obskuren Sekte. Berühmt wurde Findhorn durch die sogenannten magischen Gärten, die trotz des kargen (und nicht gedüngten) Bodens und des rauhen Klimas eine unerklärlich üppige Vegetation aufweisen. Es handelt sich dabei offensichtlich um eine paranormale Beeinflussung des Pflanzenwuchses.

68 Was ist der berühmteste Fall von Präkognition in der Literatur?
1726 erschien das bekannte Werk „Gulliver's Travels" von Jonathan Swift. Darin behauptet ein vom Autor erfundener Astronom, daß der Planet Mars zwei Monde hätte, deren (eher ungewöhnliche) Eigenschaften er näher beschrieb. Erst 1877 wurden diese beiden Monde (Phobos und Deimos) entdeckt.

Die beschriebenen Eigenschaften konnten dann als erstaunlich genau verifiziert werden.

69 Inwiefern ist der Untergang der Titanic parapsychologisch relevant?

Der englische Luxusdampfer Titanic, der als unsinkbar konstruiert war, stieß 1911 bei seiner Jungfernfahrt mit einem Eisberg zusammen und sank. Dabei kamen 1517 Menschen ums Leben. Mehrere Personen hatten vorher präkognitive Träume, ein gewisser J. O'Connor (Pseudonym) sogar zweimal. Er machte seine Buchung rückgängig und erzählte noch vor dem Auslaufen des Schiffes anderen von seinen Träumen. Interessant ist auch eine bereits 1898 veröffentlichte Erzählung von Morgan Robertson mit dem Titel „The Wreck of the Titan", worin zahlreiche Parallelen zum Untergang der Titanic 13 Jahre später enthalten sind.

70 Was ist Aberfan?

Das ist der Name eines Dorfes in Wales, bei dem 1966 durch das Abrutschen einer Kohlenhalde 128 Kinder und 16 Erwachsene getötet wurden. Eine anschließende parapsychologische Untersuchung zeigte, daß zahlreiche Personen präkognitive Ahnungen und Wahrträume hatten, die sie z. T. nachweislich schon vor der Katastrophe äußerten.

71 Wie ernst sollte man eigene Vorahnungen nehmen?

Das läßt sich schwer allgemein beantworten, und wird auch davon abhängen, ob man schon früher ähnliche Erlebnisse hatte, die sich später bewahrheiteten. Je gewaltiger die vorhergesehenen Katastrophen jedoch sind, desto geringer ist die Wahrscheinlichkeit, daß sie tatsächlich eintreten. Es kommt allerdings mitunter vor, daß in solchen Fällen statt einer Katastrophe für die Menschheit eine persönliche eintritt.

72 Ist ein vorhergesehenes Unglück unabwendbar?

Nein. Abgesehen von dem trivialen Fall, daß die Vorahnung falsch war, ist die Zukunft nicht streng festgelegt (wie etwa die Vergangenheit). Auch eine korrekte Prämonition ist nur eine

Warnung vor Ereignissen, die eintreten werden, wenn man nichts dagegen unternimmt.

73 Was war das Versailles-Abenteuer?

Zwei Engländerinnen, Anne Moberley und Eleanor Jourdain besuchten 1901 Versailles und sahen plötzlich ihre Umwelt (z. B. Kleidung etc.) so, wie sie Ende des 18. Jahrhunderts war. Dieses (erst 1911 veröffentlichte) Abenteuer wird meist als retrokognitive Haluzination interpretiert. Möglicherweise aber war auch alles nur frei erfunden.

74 Was war der Dieppe-Fall?

Am 4. August 1942 erfolgte ein alliierter Luftangriff auf die französische Stadt Dieppe. Genau 9 Jahre später, 1951, hatten zwei englische Urlauberinnen an diesem Ort akustische Halluzinationen, die den Geräuschen während des Angriffs entsprachen. Ob es sich tatsächlich um paranormale Retrokognition handelte ist umstritten.

75 Wer war Kassandra?

Die Bezeichnung Kassandra verwendet man heute für Wahrsager, die Katastrophen prophezeien. Kassandra war der Sage nach die Tochter des Königs Priamos von Troja, die den Untergang der Stadt weissagte, jedoch niemanden überzeugen konnte.

76 Wie verlief der Orakeltest des Krösus?

Krösus war der durch seinen sagenhaften Reichtum berühmte letzte König von Lydien (in Kleinasien). Nach einem Bericht Herodots wollte er einmal die sieben wichtigsten Orakel überprüfen, indem er Boten losschickte, die genau 100 Tage nach ihrer Abreise die Frage stellten, womit der König gerade beschäftigt sei. Die richtige Antwort, wonach er ein Lamm und eine Schildkröte mitsammen in einem eisernen Gefäß kocht, gab nur das Orakel von Delphi.

77 Wer war Nostradamus?

Michel de Notre Dame (latinisiert Nostradamus) war ein französischer Astrologe des 16. Jahrhunderts. Seine gereimten Prophezeihungen („Centurien") sind (wohl absichtlich) dunkel und schwer verständlich abgefaßt, wodurch sich später immer wieder historische Ereignisse irgend einer Stelle im Text zuordnen ließen. Die Prophezeiungen des Nostradamus, die bis heute immer wieder aufgelegt werden, sind parapsychologisch ziemlich wertlos, weil sich der darin enthaltene Anteil echter Präkognition schwer abschätzen läßt.

78 Was war die berühmte Vision Swedenborgs?

Emanuel Swedenborg, ein schwedischer Naturforscher und Mystiker, sah 1756 in Göteborg den gleichzeitig stattfindenden Brand Stockholms. Die Schriften Swedenborgs enthalten überdies eine große Menge von Berichten (über das Jenseits, Geister, etc.), denen esoterische Erfahrungen zugrundeliegen dürften.

79 Was war der Leitmeritzer Hellsehprozeß?

Ende der 20er Jahre wurde in Leitmeritz (Böhmen) der Wahrsager Erik Jan Hanussen (= Hermann Steinschneider) wegen Betrugs angeklagt. Der Fall erregte dadurch Aufsehen, daß der Beschuldigte durch Demonstration seiner ASW-Fähigkeiten im Gerichtssaal einen Freispruch erwirken konnte.

80 Was ist Psychometrie?

Psychometrie ist eine Form der außersinnlichen Wahrnehmung, bei der ein materieller Gegenstand, der mit der gewünschten Information im Zusammenhang steht, als Hilfsmittel benutzt wird. Beispielsweise kann ein Kleidungsstück eines verschollenen Menschen die paranormale Wahrnehmung seines Schicksals unterstützen.

81 Was sind Psi-Spuren?

Nach esoterischer Vorstellung ist die Geschichte jedes Gegenstandes (insbesondere soweit sie im Zusammenhang mit emotionalen Geschehnissen steht) in demselben irgendwie aufgezeichnet und für sensible Personen wahrnehmbar. Oft wird das als Erklärung für Psychometrie vermutet, die allerdings auch präkognitiv wirkt.

82 Was ist die Akasha-Chronik?

Manche Esoteriker vermuten, daß es eine nicht näher bekannte Struktur gibt, in der alle Fakten der materiellen und geistigen

Realität aufgezeichnet sind, und die bei außersinnlichen Wahrnehmungen eine Rolle spielt. Eine Art Weltgedächtnis ist zwar denkbar, der Begriff der Akasha-Chronik jedoch zu unscharf, um dessen allfällige Wirkungsweise näher zu erhellen.

83 Was ist Scrying?
Das ist die Verwendung glatter, gut reflektierender Gegenstände (z. B. Kristallkugel, Spiegel, Wasser, u. U. sogar Fingernägel) um außersinnliche Wahrnehmungen anzuregen.

84 Was ist Parakinese?
Parakinese ist eine Grenzform der Psychokinese. Dabei wird der betreffende Gegenstand zwar physisch berührt, sein Verhalten kann aber dadurch allein mechanisch nicht erklärt werden.

85 Was ist der Dunne-Effekt?
Damit bezeichnet man auffällige präkognitive Träume. Der Ausdruck ist nach John William Dunne benannt, der solche Träume selbst hatte und auch allgemein untersuchte.[8]

86 Was bedeutet „Mind over Matter"?
Das ist ein Schlagwort, das geprägt wurde, um der Ansicht Nachdruck zu verleihen, daß Psychokinese geistige, und nicht bloß unbekannte physikalische Ursachen hat.

87 Was ist Psychotronik?
Das ist die Verwendung der den Psi-Phänomenen zugrundeliegenden Gesetze in technischen Geräten. Vorläufig handelt es sich dabei um reine Utopien.

88 Was sind „Steigrohre des Unterbewußtseins"?
Das ist ein von Rudolf Tischner geprägter Ausdruck für Gegenstände, die es einer Versuchsperson erleichtern, Informationen aus dem Unterbewußtsein hervorzuholen. Das hat für die Parapsychologie insofern Bedeutung, als Psi-Phänomene zumeist über das Unterbewußtsein ablaufen. Ein Beispiel für ein solches Steigrohr ist etwa die Kristallkugel eines Wahrsagers. Im übertragenen Sinn kann man den Begriff auch für Zustände wie Hypnose oder Trance verwenden.

89 Was ist Levitation?

Unter Levitation versteht man das Schwebenlassen eines Gegenstandes, insbesondere des eigenen Körpers, mit Hilfe der Psychokinese.

90 Was sind Mehrfachträume?

Es kommt vor, daß mehrere Personen gleichzeitig Träume gleichen Inhalts haben. Vermutlich sind gegenseitige telepathische Beeinflussungen daran nicht unbeteiligt.

91 Was ist Kaffeesatz-Wahrsagerei?

Das ist eine volkstümliche Form des Hellsehens, das durch Betrachten von Kaffee- oder Teeresten in einer Tasse eingeleitet wird. Welche Funktion dieser Bodensatz dabei spielt, ist nicht eindeutig geklärt.

92 Was bezeichnet man als Sechsten Sinn?

Das ist ein mehr poetischer Ausdruck für die Fähigkeit zu außersinnlicher Wahrnehmung.

93 Was versteht man unter einem Zweiten Gesicht?

Das ist eine, vor allem im nördlichen Europa übliche, Bezeichnung für eine bestimmte Form außersinnlicher Wahrnehmung. Meist handelt es sich um Hellsehen in Form von Halluzinationen. Menschen mit einem solchen Zweiten Gesicht heißen auf plattdeutsch Spökenkieker.

94 Was sind unterschwellige Prämonitionen?

Darunter versteht man Prämonitionen, die zwar nicht ins Bewußtsein gelangen, aber unbewußt das Verhalten beeinflussen. Sie bilden die wahrscheinlichste Ursache dafür, daß verunglückte Schiffe, Flugzeuge oder Eisenbahnzüge oft weniger stark besetzt waren, als im Durchschnitt zu erwarten gewesen wäre.

95 Ist Psi etwas Übernatürliches?

Nein. Psi ist eine Sammelbezeichnung für existierende (d. h. in der Natur vorkommende) Phänomene, und solcherart ein Teil der Wirklichkeit. Die Wirklichkeit und die Natur sind aber inhaltlich dasselbe, und daher ist alles Existierende notwendigerweise natürlich. Sollte das Wort „übernatürlich" überhaupt irgend einen Sinn haben, so kann es nur Dinge beschreiben, die zur Natur hinzuerfunden wurden, und denen die tatsächlich existierende Welt gedanklich untergeordnet wird. (Ein Beispiel dafür ist etwa Gott. Sollte ein solcher jedoch tatsächlich existieren, so müßte er irgend einen Platz im Bereich der Wirklichkeit einnehmen, und wäre dann ebenfalls natürlich.)

96 Machen paranormale Effekte die Existenz Gottes wahrscheinlicher?
Nein. Es ist nicht bekannt, daß der Anteil an Atheisten unter den Parapsychologen geringer wäre, als bei anderen Wissenschaftlern. Wer möchte, kann überall Hinweise auf Gott finden, und esoterische (z. B. spiritistische) Argumente für die Existenz Gottes überzeugen nur solche Menschen, die ohnedies schon geneigt sind, daran zu glauben.

97 Was bedeutet „okkult"?
Damit werden verborgene Eigenschaften der Natur oder der menschlichen Psyche bezeichnet. Die unkritische Beschäftigung damit heißt Okkultismus.

98 Was ist ein Wunder?
Im religiösen Sprachgebrauch bezeichnet das Wort Wunder einen Vorgang, der den Naturgesetzen widerspricht. Da jedoch (wie insbesondere die Parapsychologie zeigen konnte) die gültigen Naturgesetze keineswegs hinlänglich bekannt sind, hat der Begriff „Wunder" eigentlich keine Bedeutung.

99 Was ist Asitie?
Damit ist paranormales Fasten gemeint, also medizinisch unerklärlich lange Zeiträume ohne Nahrungsaufnahme (z. B. über Monate und Jahre). Über kürzere Intervalle wurden derart fastende Personen auch schon unter Laborbedingungen untersucht, wobei sich physiologisch unmögliche Ergebnisse zeigten. Es muß also neben der gewöhnlichen auch noch eine Art astraler Ernährung geben, über die jedoch kaum etwas bekannt ist.

100 Was bedeutet Tumo?
Tumo (eigentlich Gtummo) ist ein tibetisches Wort, mit dem die Fähigkeit mancher Menschen bezeichnet wird, auf paranormalem Weg Körperwärme zu erzeugen. Im Himalaya können Meister des Tumo angeblich einen ganzen Winter fast unbekleidet in eisigen Regionen überleben ohne zu frieren.

101 Was ist das Unverweslichkeits-Phänomen?
Das ist das unerklärliche Ausbleiben der Verwesung an einem Leichnam über längere Zeit hinweg. Neben verschiedenen physikalischen werden häufig auch paranormale Ursachen vermutet.

102 Was ist Dermographie?
Dermographie ist das Erscheinen von Schriftzeichen auf der Haut eines lebenden Menschen. Als Ursache ist Psychokinese zu vermuten.

103 Was ist paranormales Trockenbleiben?
Das ist die unerklärliche Fähigkeit mancher Menschen, im Regen nicht naß zu werden. Beispielsweise von D. D. Home wurde dieses Phänomen berichtet. Nach Ansicht mancher Spiritisten wird es durch einen Ektoplasma-Schirm bewirkt (→ 210).

104 Worin besteht das Lebend-Begraben-Lassen?
Manche Menschen (vor allem in Indien) haben die Fähigkeit, ihre Körperfunktionen wie Herzschlag, Atmung etc. willkürlich zu beenden oder zumindest auf ein unmerkliches Maß zu reduzieren. In diesem Zustand können sie dann stunden- und tagelang verweilen. Während dieser Zeit ist ihr Körper klinisch tot, ohne jedoch zu verfallen. Vermutlich ist dieses Phänomen mit der ebenfalls unerklärlichen Asitie verwandt.

105 Was ist Lungompa?
Dieses tibetische Wort bezeichnet das der Levitation verwandte Phänomen des Trance-Gehens. Dabei wird das Körpergewicht verringert, wodurch sich die beim Gehen erreichbare Geschwindigkeit stark erhöht.

106 Was ist Dermooptik?

Das ist die Fähigkeit zu optischer Wahrnehmung mit Hilfe der Haut (z. B. der Fingerspitzen). Ob es sich dabei um ein paranormales Phänomen handelt, oder lediglich um eine körperliche Anomalie, ist nicht bekannt.

107 Was ist Stigmatisierung?

Stigmata sind Wunden am Körper eines Menschen, die ohne äußere Ursache auftreten. Sie stehen mit psychischen Vorgängen (z. B. religiöser Ekstase) in Zusammenhang. Vermutlich handelt es sich dabei um einen psychokinetischen Effekt.[9]

108 Was sind Wunderheilungen?

Das sind Heilungen mit paranormalen Ursachen. Dieser Ausdruck wird nur in religiösem Kontext verwendet, wo solche Vorkommnisse meist als Beweise für die Richtigkeit des jeweiligen Glaubensbekenntnisses präsentiert werden.

109 Was bedeutet Handauflegen?

Das ist eine Form der paranormalen Heilung, bei der der Patient mit den Händen berührt wird. Angeblich erleichtert das die psychische Beeinflussung seiner Krankheit.

110 Was bedeutet Geistheilung?

Das ist die Anwendung von Psi-Fähigkeiten in der Medizin. Dabei treten die verschiedensten Varianten auf, von seltsamen (aber wirksamen) Rezepten, die in Trance gewonnen werden (z. B. der Fall Cayce) über rein psychische Heileinflüsse z. T. über große Entfernungen bis zu paranormaler Chirurgie (etwa der Fall Arigó). Paranormale Diagnose-Methoden werden nicht immer dem Begriff der Geistheilung zugeordnet.

111 Wer war Arigó?

Zé Arigó hieß eigentlich José Pedro de Freitas und war der berühmteste paranormale Heilpraktiker Brasiliens. Insbesondere seine (durchwegs erfolgreichen) chirurgischen Eingriffe erregten Aufsehen, denn er führte sie ohne Betäubung schmerzfrei und unblutig mit einem gewöhnlichen nichtsterilisierten Messer durch, und meist ohne sich besonders darauf zu konzentrieren.

Nach eigenen Angaben gehen alle seine Fähigkeiten auf die Anwesenheit eines Geistes zurück (eines ehemaligen Arztes, der sich „Dr. Fritz" nannte). Arigó selbst war ursprünglich Landarbeiter und hatte keinerlei medizinische Ausbildung. Er starb 1971 nach einem Autounfall.

112 Was ist von den philippinischen Geistheilern zu halten?

Es wäre wohl ungerecht, alle angeblich paranormalen Heiler der Philippinen über einen Kamm zu scheren. Man gewinnt allerdings stark den Eindruck, daß zumindest die überwältigende Mehrheit von ihnen Betrüger sind (ähnliches gilt für Brasilien). Speziell bei jenen, die für ihre Dienste Geld nehmen (und seien es auch nur „freiwillige" Spenden) ist in hohem Maße Skepsis geboten.

113 Wer war „Tony" Agpaoa?

Antonio C. Agpaoa war der bekannteste angebliche Geistheiler der Philippinen. Parapsychologen (z. B. Hans Bender, der ihn beobachtete) nehmen allerdings an, daß er lediglich ein (überdies nicht einmal besonders geschickter) Trickbetrüger war. „Tony", wie er meist genannt wurde, lockte zahllose Patienten aus aller Welt an und wurde durch die ihnen abverlangten Behandlungsgebühren ziemlich reich. Es ist umstritten, inwieweit er früher irgendwelche paranormale Fähigkeiten besessen hat.

114 Gibt es tatsächlich Wunderheilungen in Lourdes?

Offensichtlich haben manche der Heilungen, die aus Lourdes berichtet werden, paranormale Komponenten. Der berühmte Wallfahrtsort hat darauf aber nur indirekt Einfluß, insofern nämlich, als eben gerade dort riesige Mengen von Patienten zusammenkommen. Wenn man überdies bedenkt, daß die meisten von ihnen äußerst religiös sind, und daher oft ein sehr starkes Vertrauen in die erhoffte Wunderheilung haben, so ergeben die wenigen anerkannten Fälle parapsychologisch gesehen eigentlich eine eher enttäuschende Statistik. Der Grund ist vermutlich der, daß in Lourdes kein begabter Psi-Heiler aufgesucht wird, sondern jeder auf seine eigenen seelischen Heilkräfte angewiesen ist. Die meisten aber, die in ausreichendem Maße über solche verfügen, haben sie bereits in Anwendung gebracht, bevor sie eine Reise nach Lourdes unternahmen.

115 Wer war Edgar Cayce?

Cayce war der berühmteste Paragnost Amerikas und wurde auch als der „Schlafende Prophet" bezeichnet. Im Zustand der Trance beantwortete er an ihn gerichtete Fragen und gab insbesondere medizinische Diagnosen über Personen, die zumeist gar nicht anwesend waren. Dabei empfahl er oft sehr seltsame, jedoch zumeist äußerst wirksame Behandlungsmethoden. Daneben machte er auch Aussagen über allgemeine Themen, z. B. zugunsten der Reinkarnation, die er dann im Wachzustand als gläubiger Christ lange nicht wahrhaben wollte. Andere Äußerungen und Prophezeiungen sind aber offensichtlich durch religiös gefärbtes Phantasierauschen entstellt. Die Protokolle („Readings") seiner Trancesitzungen werden seit 1932 von einer Stiftung verwaltet.

116 Was sind Yogis?

Yogis sind Anhänger des Yoga (einer indischen Heilslehre). Der Ausdruck ist dadurch in Europa bekannt geworden, daß bei Yogis oft paranormale Fähigkeiten beobachtet wurden, die sie vermutlich im Verlauf ihrer Yoga-Ausbildung erwarben bzw. verstärkten. Es handelt sich dabei jedoch um Nebeneffekte, auf die nicht das primäre Augenmerk der Yogis gerichtet ist.

117 Haben Engel oder Teufel irgendeine parapsychologische Bedeutung?

Nur historisch. Früher, insbesondere im Mittelalter, versuchte man, paranormale Effekte mit den damals allgemein geläufigen theologischen Begriffen zu erklären. Vor allem Teufel (speziell den obersten Teufel, der Satan oder Luzifer hieß) sah man in diesem Zusammenhang gern als Urheber an.

118 Was ist Hypnose?

Darunter versteht man eine charakteristische Bewußtseinsveränderung infolge (fremder oder eigener) Suggestion. Die Existenz der Hypnose ist absolut gesichert, und obwohl bisher keine physiologische Erklärung gelungen ist, wird sie nicht zu den paranormalen Phänomenen gezählt, weil keine sichere Verletzung physikalischer Gesetze dadurch erfolgt.[10]

119 Was ist Braidismus?
Das ist die Hervorbringung hypnotischer Effekte durch Fixieren eines (zumeist glänzenden) Gegenstandes. Sie geht auf James Braid zurück, der auch den Ausdruck „Hypnose" prägte.[11]

120 Was ist Fernhypnose?
Bei der Fernhypnose geschieht die Einleitung des hypnotischen Zustands und die Durchführung der weiteren Suggestionen durch den Hypnotiseur nicht direkt, sondern auf dem Weg der Telepathie. Die Existenz dieses Phänomens gilt als experimentell gut abgesichert.

121 Was ist ein Fakir?
Fakire sind indische Zauberkünstler. Viele ihrer Leistungen beruhen vermutlich auf massenhypnotischer Beeinflussung der Zuschauer.

122 Was ist der indische Seiltrick?
Das ist das berühmteste Kunststück der Fakire. Der Zuschauer beobachtet dabei, wie sich ein Seil langsam senkrecht aufrichtet, woraufhin eine Person daran hochklettert. Soweit bekannt ist, zeigen jedoch gleichzeitig aufgenommene Photographien nichts von alledem, sodaß es sich um einen suggestiven Trick handeln muß.[12]

123 Was ist Meditation?
Das ist ein Sammelbegriff für verschiedene geistige und z. T. auch körperliche Praktiken, um mit Hilfe von Konzentration und Selbsthypnose, oder auch nur durch Ruhigstellen der Gedanken und Offenwerden für Einflüsse tieferer Bewußtseinsschichten, bleibende seelische Veränderungen zu erzielen.

124 Was ist ein Mandala?
Darunter versteht man ein meist kreisähnliches Bild, das (vor allem in Indien und Tibet) zur Erleichterung der Meditation verwendet wird. Es kann auch das Auftreten von außersinnlicher Wahrnehmungen begünstigen.

125 Was sind Halluzinationen?

Damit sind Wahrnehmungserlebnisse gemeint, die jedoch nicht durch wirkliche Gegenstände verursacht werden, sondern auf Vorgänge in der Psyche des Halluzinierenden zurückgehen. Manche psychischen Drogen (z. B. LSD) können derartige Erlebnisse auslösen. Ob diese Trugbilder rein gehirnphysiologisch bedingt sind, oder paranormale Komponenten besitzen, ist nicht bekannt. Häufig treten jedoch paranormale Informationen (ASW) in Form von Halluzinationen auf.

126 Was ist Alästhesie?

Dieser Spezialfall der Telepathie bezeichnet Wahrnehmungsempfindungen (optische, akustische, Schmerz etc.), die vom Empfänger als eigene Erlebnisse erfahren werden. Man könnte die Alästhesie als telepathische Halluzination definieren.

127 Was ist eine Vision?

Das ist eine optische Halluzination. Das Wort wird vor allem dann verwendet, wenn die Möglichkeit paranormaler Wahrnehmung betont werden soll.

128 Was ist Intuition?

Intuition ist unbewußt gesteuerte Urteilskraft. Ob bzw. in welchem Ausmaß dabei paranormale Komponenten wirksam werden, ist nicht genau bekannt.

129 Was ist Autogenes Training?

Darunter versteht man eine von J. H. Schultz entwickelte autosuggestive Meditationsmethode. Sie ist mit der Selbsthypnose verwandt und benützt formelhafte Vorsätze zur Beeinflussung des Unterbewußtseins. Beispielsweise lautet die Formel der ersten Übung: „Der rechte Arm wird ganz schwer". Nach unterschiedlich langer Zeit des Trainings stellt sich dann tatsächlich die entsprechende körperliche Begleiterscheinung ein.

130 Was ist die Methode Coué?

Emile Coué entwickelte eine Autosuggestivtherapie, die im wesentlichen darin besteht, sich Gesundheit und Wohlbefinden ständig selbst einzureden. Berühmt ist sein Merksatz: „Mir geht es jeden Tag in jeder Hinsicht besser und besser!"

131 Was ist eine Illusion?

Illusion ist das Phänomen, daß ein wahrgenommenes Objekt mißgedeutet wird, wobei oft einzelne Details halluziniert werden. Mitunter tritt ASW in dieser Form auf (beispielsweise glaubt man oft irrtümlich, jemanden zu sehen, dem man dann einige Zeit später tatsächlich trifft).

132 Was sind Gedächtnisschichten?

Durch hypnotische Experimente kann mitunter demonstriert werden, daß bei unterschiedlich tiefen Trance-Zuständen verschiedene, von einander unabhängige Gedächtnisse auftreten.[13] Die Anzahl dieser Schichten ist strittig, und auch eine Erklärung zeichnet sich noch nicht ab. Es läßt sich daraus lediglich schließen, daß Erinnerung ein überaus komplexer und z. Z. noch unverstandener Vorgang ist.

133 Was sind Lucid Dreams?

Das sind Träume, bei denen der Träumende sich der Tatsache bewußt ist, daß er gerade träumt. Sie deuten darauf hin, daß das Wach- und das Traumbewußtsein nicht streng gegeneinander abzugrenzen sind.

134 Wer war William Barret?

Sir William Fletcher Barrett war Professor für Physik in Dublin. 1876 referierte er im Rahmen der British Association for the Advancement of Science erstmals über eine parapsychologische Untersuchung (Titel: „Some Phenomena Associated with Abnormal Conditions of Mind"). Dieser Vortrag war der Anlaß für die Entstehung der Society for Psychical Research (SPR), die er 1882 mitbegründete. Barrett war Anhänger des Spiritismus.

135 Was ist die SPR?

SPR ist die Abkürzung für „Society for Psychical Research". Das ist die älteste wissenschaftliche Gesellschaft zur Untersuchung der Psi-Phänomene. Sie wurde ausgehend von der Anregung durch einen Vortrag William Barretts (1876) im Jahre 1882 in London gegründet. Gründungsmitglieder waren u. a. Barrett, Edmund Gurney und F. W. H. Myers. Der erste Präsident war Henry Sidgwick.

136 Was ist die ASPR?
Das ist die American Society for Psychical Research. Sie wurde 1885 in New York gegründet und war 1889–1906 ein Teil der englischen SPR.[14]

137 Wer waren die bekanntesten Präsidenten der SPR?
Außerhalb parapsychologischer Kreise sind vor allem folgende Personen bekannt: Arthur Balfour (englischer Premierminister), William James (Philosoph und Psychologe), Sir William Crookes (Physiker, Entdecker des Thalliums), Oliver Lodge (Physiker), Charles Richet (Nobelpreis für Medizin)[15], Henri Bergson (Philosoph, Nobelpreis für Literatur), Lord Rayleigh (Nobelpreis für Physik, Entdecker des Argons) und Hans Driesch (Philosoph). Der bekannteste Vizepräsident war Sir J. J. Thomson (Nobelpreis für Physik, Entdecker des Elektrons).[16]

138 Was ist die FRNM?
Das ist die Abkürzung für „Foundation for Research on the Nature of Man". Nach der Emeritierung J. B. Rhines (1965) wurde das parapsychologische Laboratorium der Duke University ausgegliedert und unter diesem Namen unabhängig weitergeführt.

139 Wer war A. R. Wallace?
Alfred Russel Wallace war ein bekannter englischer Zoologe und Mitarbeiter von Charles Darwin, mit dem zusammen er als einer der wichtigsten Begründer der Abstammungslehre gilt. Er war es auch, der Barrett seinen historischen Vortrag vor der British Association for the Advancement of Science ermöglichte (Wallace leitete damals die anthropologische Abteilung dieser Gesellschaft).

140 Welche war die erste amerikanische Dissertation über Parapsychologie?
Sie wurde 1955 von Harmon Hartzell Bro an der University of Chicago vorgelegt und beinhaltet Untersuchungen über Edgar Cayce.

141 Was ist Spuk?
Als Spuk bezeichnet man das Phänomen, daß materielle Gegen-

stände plötzlich paranormales Verhalten zeigen, und solcherart die Gesetze der Physik verletzten. Dabei dürfte ein enger Zusammenhang mit der Psychokinese bestehen. Man unterscheidet als Grundtypen den personengebundenen und den ortsgebundenen Spuk.

142 Was ist ein Geist?

Ein Geist ist eine Person (also ein Individuum mit eigenem Bewußtsein und Willen), die keinen materiellen Körper besitzt. Nimmt man an, daß der Mensch seinen Tod überdauert, so müßte er danach die Existenzform eines Geistes annehmen. Man spricht in diesem Fall von einem diskarnierten (= entkörperten) Geist.

143 Was ist ein Gespenst?

Dieses Wort bezeichnet einen Geist, der optisch wahrnehmbar ist, insbesondere dann, wenn er an einem bestimmten Ort mehrmals beobachtet wird (ortsgebundener Spuk). Es spricht jedoch vieles dafür, daß sich in solchen Fällen keine echten Geister, sondern nur Tulpas (also geistähnliche Gebilde) zeigen (→ 262).

144 Was ist ein Poltergeist?

Ein personengebundener Spuk wird als Poltergeist-Phänomen bezeichnet, speziell dann, wenn dabei laute Geräusche auftreten oder Gegenstände zerstört werden. Im Zentrum dieser Aktivitäten steht eine lebende Person, die sie offenbar unbewußt psychokinetisch verursacht. Dafür spricht auch, daß es sich dabei durchwegs um einen Menschen mit starken seelischen Spannungen (häufig einen pubertierenden Jugendlichen) handelt, und die Effekte aufhören, sobald dieser seine Probleme überwunden hat. Seltsam ist jedoch, daß oft Bewegungen auftreten, die mehr Kraft erfordern, als die Zentralperson körperlich aufbringen könnte. Deshalb wird verschiedentlich vermutet, daß diese Person die notwendige Arbeit nicht selbst psychokinetisch leistet, sondern irgend eine außerhalb von ihr liegende Energiequelle nützt, und die Ereignisse lediglich auslöst bzw. steuert. Die Bezeichnung Poltergeist deutet auf die Vorstellung hin, wonach es eine bestimmte Art von Geistern gibt, die diese Erscheinungen hervorbringen, und deren Wirken durch die seelische Situation des auslösenden Menschen ermöglicht wird. Poltergeist-Phänomene wurden bereits mehrfach sehr genau untersucht, sodaß an ihrer Existenz nicht zu zweifeln ist.

145 Was bedeutet RSPK?

Das ist die Abkürzung für „Recurrent Spontaneous Psychokinesis" (= wiederkehrende spontane Psychokinese). Durch diese Bezeichnung wollte J. B. Rhine das Wort Poltergeist ersetzen.

146 Sind Poltergeister gefährlich?

Interessanterweise wird kaum jemals von Verletzungen im Zusammenhang mit Poltergeist-Ereignissen berichtet, obwohl nicht selten beträchtlicher Sachschaden angerichtet wird. Aus diesem Grund wird verschiedentlich vermutet, daß Lebewesen von einem sie umgebenden paranormalen Psi-Feld geschützt werden.

147 Was war der Miami-Spuk?

Dieser parapsychologisch bestuntersuchte Poltergeistfall begann 1967 in einem Souvenirgeschäft in Miami (Florida). Ein 19jähriger Angestellter namens Julio mit starken unbewußten Aggressionen stand im Zentrum der Ereignisse, die insbesondere darin bestanden, daß Gegenstände ohne erkennbare Ursache durch die Luft flogen und dabei meist zerstört wurden. Das wichtigste Ergebnis der Untersuchungen (J. G. Pratt, W. G. Roll) war, daß derartige Phänomene nicht zufällig ablaufen, sondern verschiedenen, z. Z. noch unübersichtlichen Regeln gehorchen. Insbesondere hingen die Eigenschaften einzelner Ereignisse davon ab, in welcher Richtung und Entfernung (relativ zu Julio) sie sich abspielten.

148 Was ist der Attenuationseffekt?

W. G. Roll entdeckte die Tatsache, daß bei Poltergeist-Phänomenen die Häufigkeit paranormaler Ereignisse mit zunehmendem Abstand von der sie auslösenden Person abnimmt.

149 Was war der Rosenheim-Spuk?

1967/68 ereignete sich in einer Anwaltskanzlei in Rosenheim (Bayern) ein bekannter Bürospuk, in dessen Zentrum eine

19jährige Angestellte stand. Die Phänomene bestanden in elektrischen Unregelmäßigkeiten der Stromversorgung und des Telephons, dem Schwingen von Lampen und der Rotation von Bildern um ihre Haken (letzteres wurde sogar gefilmt). Besonders genaue Untersuchungen machten den Rosenheim-Spuk zum berühmtesten jüngeren Poltergeist-Fall in Deutschland.

150 Was war der Seaford-Poltergeist?
Seaford ist eine kleine Stadt auf Long Island (New York), wo 1958 Poltergeist-Phänomene auftraten. Ein charakteristisches Detail der beobachteten Störungen war, daß sich Flaschen mit Schraubverschluß auf unerklärliche Weise öffneten. Die Zentralperson der Phänomene war ein 13jähriger Bub.

151 Was war der Spukfall Joller?
Melchior Joller war ein Schweizer Rechtsanwalt und Politiker. Er verfaßte 1863 ein Büchlein mit dem Titel „Darstellung selbsterlebter mystischer Erscheinungen", das (als nur mehr wenige Exemplare existierten) von der Schweizer Parapsychologin Fanny Moser neu abgedruckt wurde. Darin beschreibt er ausführlich die Spukphänomene, die auf seinem Gut in Stans (am Vierwaldstätter See) auftraten, und denen er anfangs äußerst skeptisch gegenüberstand. Die Ereignisse wurden immer schlimmer, bis ein (nicht überliefertes) Erlebnis Joller veranlaßte, mit seiner Familie nach Rom zu übersiedeln, wo er bald darauf starb.

152 Was ist die Naughty-Little-Girl Theorie?
Das ist eine scherzhafte Bezeichnung für die Tatsache, daß Poltergeist-Phänomene zumeist von Jugendlichen ausgelöst werden, die dann nicht selten in Verdacht geraten, sich einen üblen Scherz erlaubt zu haben. Naughty little girl bedeutet wörtlich ungezogenes kleines Mädchen.

153 Wer war Old Jeffrey?
Mit diesem Ausdruck belegte Samuel Wesley (der Vater John Wesleys, der die Methodisten gründete) einen Poltergeist, der jahrzehntelang (bis Mitte des 18. Jh.) in seinem Haus spukte.

Daraus spricht eine (in England nicht seltene) Einstellung, wonach Gespenster als Teil der Familie empfunden werden.

154 Was war der Fall Karin?

1904 ereignete sich in Südschweden ein Spukfall in einem Forsthaus, bei dem eine 27jährige Frau mit dem Vornamen Karin (die 6 Jahre zuvor einen Nervenzusammenbruch erlitten hatte) als Medium wirkte. Unerklärliche Klopfgeräusche gaben im Sinne eines vereinbarten Codes Antworten auf gestellte Fragen. Durch automatisches Buchstabieren meldete sich eine Person, die sich „Piskator" nannte, und die anscheinend für den Spuk verantwortlich war. Es war dies der erste Poltergeistfall, für dessen Untersuchung Hypnose eingesetzt wurde.

155 Was sind SHC-Phänomene?

SHC ist die Abkürzung für „Spontaneous Human Combustion". Man versteht darunter eine plötzliche, paranormale Verbrennung des lebenden menschlichen Körpers. Unerklärlich ist dabei nicht nur die Ursache, sondern auch die unterschiedliche Auswirkung der Hitze auf benachbarte Gegenstände (wenn z. B. der Körper völlig verkohlt ist und entfernte Plastikgegenstände schmelzen, die Kleidung aber unversehrt bleibt). Mitunter werden gewisse Parallelen zu Poltergeist-Phänomenen gezogen, der Vorgang bleibt jedoch rätselhaft.

156 Was sind Kobolde?

Im Volksglauben bedeutet dieses Wort Schabernack treibende Hausgeister. Die ihnen zur Last gelegten Delikte dürften größtenteils auf Poltergeist-Effekten beruhen.

157 Was ist eine Aura?

Darunter versteht man ein jedes Lebewesen umgebendes Feld, das manche sensitive Personen wahrnehmen können. Es heißt, daß die Eigenschaften der Aura (Form, Farbe, etc.) Aufschluß über die körperliche und seelische Verfassung eines Menschen geben können.

Meist wird die Aura als äußere unscharfe Umhüllung des Astralkörpers gedeutet. Physikalisch ist eine Aura nicht nachweisbar, obwohl es verschiedentlich Versuche gegeben hat (W. Kilner, S. Kirlian), sie sichtbar zu machen.

158 Was bedeutet Nimbus?

Dieser Begriff aus der Kunstgeschichte bezeichnet einen Strahlenkranz um den Kopf einer Person („Heiligenschein"). Umgibt dieser den ganzen Körper, so wird er Aureole genannt. Es ist möglich, daß beide auf Wahrnehmungen der Aura zurückgehen, die bei bemerkenswerten Personen angeblich häufiger sehr ausgeprägt sein soll.

159 Wer war Walter Kilner?

Walter Kilner war ein Londoner Arzt, der eine Vorrichtung zum Sichtbarmachen der menschlichen Aura entwickelte, die er sodann ausführlich untersuchte. Die Fähigkeit, durch diesen Kilner-Schirm Auren zu sehen war aber offensichtlich auf ihn selbst beschränkt.

160 Was ist die Kirlianphotographie?

Kirlianbilder entstehen durch elektrische Hochfrequenzentladungen und zeigen Gegenstände von einer Aura-artigen Leuchthülle umgeben. Während der Effekt selbst rein physikalischer Art sein dürfte, gibt es verschiedene Hinweise auf Zusammenhänge mit paranormalen Phänomenen (insbesondere durch den Phantomeffekt → 187).

161 Was ist ein Astralkörper?

Damit ist ein Körper aus einer nicht-materiellen Substanz gemeint, den alle Lebewesen zusätzlich zu ihrem physischen Körper besitzen, und der nach dem Tod des letzteren weiterexistiert. Solange der materielle Körper am Leben ist, soll der Astralkörper den gleichen Raum einnehmen. Die funktionelle Verbindung mit einem physischen Körper gilt als einziger Unterschied zwischen einem Astralkörper und einem diskarnierten Geist. Eine häufig geäußerte Ansicht besagt, daß der Astralkörper notwendig ist, um den physischen am Leben zu erhalten.

162 Was bedeutet das Wort „astral"?

Es wird zumeist in der Bedeutung von nicht-materiell (im Sinne der Geister) verwendet und kommt in allen möglichen Zusammensetzungen vor.

163 Inwieweit ist die Existenz des Astralkörpers wissenschaftlich gesichert?

Überhaupt nicht. Es gibt zwar etliche Laborexperimente, die sich am besten mit Astralexkursionen erklären lassen, als Beweis sind sie jedoch ungeeignet. Das Studium des Astralkörpers ist vorwiegend auf Erlebnisschilderungen und spiritistische Informationen beschränkt.

164 Was sind Chakras?

Chakras sind Stellen des menschlichen Körpers, die eine besondere Bedeutung für die Verbindung mit dem Astralkörper haben und angeblich als paranormale Kraftzentren fungieren. Es soll sie in großer Zahl geben, wobei jedoch nur 7 als bedeutend gelten. Eines davon befindet sich außerhalb des physischen Körpers, und zwar oberhalb der Stirn. Der Zusammenhang mit Nervenzentren oder Akupunkturpunkten ist unklar.

165 Auf welche Weise wirkt die Psyche auf den materiellen Körper ein?

Nach klassisch-materialistischer Auffassung ist die Psyche selbst eine Funktion des Körpers, sodaß sich das Problem gar nicht stellt. Andernfalls ist am ehesten anzunehmen, daß ein minimaler psychokinetischer Einfluß auf bestimmte Teile des Gehirns (zu dem jeder fähig ist) von diesem so verstärkt wird, daß die Bewegungen des Körpers durch den Willen gesteuert werden können. Das Gehirn wäre dann also unter anderem eine Art Relais, wodurch eine funktionelle Einheit von astralem und materiellem Körper gewährleistet ist.

166 Was ist eine Astralexkursion?

Eine vorübergehende Trennung des astralen vom physischen Körper wird als Astralexkursion bezeichnet. In der Regel (immer?) wird dabei die Verbindung durch eine silbrige Schnur (die Silver-Cord) aufrechterhalten, wodurch das Absterben des Normalkörpers verhindert wird. Interessant sind vor allem jene Fälle, in denen während der Trennung das normale Bewußtsein erhalten bleibt bzw. wieder erwacht, sodaß die Erlebnisse in der Erinnerung verbleiben. Die Projektion (d. h. das Aussenden des Astralkörpers zu Beginn der Exkursion) kann willkürlich oder spontan eintreten, wobei jedoch nur ganz wenige Personen imstande sind, Projektionen nach Belieben durchzuführen. Das Bewußtsein befindet sich stets im Astralkörper, während der physische als außerhalb befindlich empfunden wird.

167 Was bedeutet OBE?
Das ist die Abkürzung für „Out of Body Experience", also das mit einer Astralexkursion verbundene Erlebnis.

168 Gibt es auch unbewußte Astralexkursionen?
Wahrscheinlich ja. Es heißt, daß bei Ohnmacht und Schlaf geringfügige Astralprojektionen eher die Regel, als die Ausnahme sind, wobei dann gelegentlich auch ausführliche Exkursionen eintreten können. Dafür spricht schon, daß oft von einem Erwachen des Bewußtseins berichtet wird, wenn sich eine Astralexkursion schon in einem fortgeschrittenen Stadium befindet, wobei keine bewußte Erinnerung an die Zeit davor zurückgeblieben ist. Manche esoterische Quellen behaupten, daß es keinen wirklich unbewußten Zustand gibt, sondern daß beispielsweise während des Schlafes ein anderes als das normale Bewußtsein in Aktion tritt. Da jedoch jedes Bewußtsein nur seine eigenen Erlebnisse speichert, gibt es am Morgen keine Erinnerung daran.

169 Ist der Mensch während des Schlafes in einer anderen Bewußtseinsform aktiv?
Vermutlich ja. Esoterische Quellen behaupten, daß es viele verschiedene, voneinander mehr oder weniger isolierte Bewußtseinsebenen gibt, alle mit ihren eigenen Absichten und Erinnerungen. Darunter befinden sich auch übergeordnete Formen, die andere unterschwellig beeinflussen. Es heißt, daß das Bewußtsein nicht dem innersten Selbst entspricht, sondern eher eine Art Fähigkeit oder Organ darstellt, dessen sich dieses Selbst bedienen kann. Es ist schwierig, verständliche Modelle zur Beschreibung der menschlichen Psyche und ihrer Eigenschaften

zu entwickeln, denn es dürfte sich dabei um eine extrem komplexe Struktur handeln.

170 Kann man das Erlebnis einer Astralexkursion auch als bloßen Traum interpretieren?

Es ist strittig, inwieweit diese Interpretation wissenschaftlich haltbar ist. Im Rahmen der animistischen Parapsychologie bleibt jedoch nur diese Möglichkeit, wenn man die Anerkennung der Existenz des Astralkörpers vermeiden will.

171 Welche Eigenschaften hat die Silver-Cord?

Abgesehen von einer silbrig-glänzenden Erscheinung, der sie ihren Namen verdankt, wird die Silver-Cord noch als extrem elastisch beschrieben. S. J. Muldoon beobachtete, daß sie bei sehr kleiner Entfernung vom physischen Körper fast armdick ist, und sich ihr Querschnitt mit zunehmendem Abstand verringert, bis sie schließlich die Stärke eines Zwirns erhält. Eine weitere Verdünnung wurde dann auch bei noch weiterer Entfernung nicht mehr festgestellt. Außerdem zeigte sich eine pulsierende Bewegung im Rhythmus des Herzschlags.

172 Welche Entfernungen können bei Astralexkursionen auftreten?

Die erreichbare Maximalentfernung ist verschieden, und hängt von der jeweiligen Person und ihrer körperlichen und seelischen Verfassung ab. In den meisten Fällen ist die Exkursion auf die Wohnung und die nähere Umgebung beschränkt, es wird aber auch von Astralreisen berichtet, die zu anderen Kontinenten führten. In glaubwürdigen Berichten wird jedoch die Erdoberfläche nicht verlassen. Schwieriger dürfte schon die Annäherung an den physischen Körper sein, denn der von der Silver-Cord ausgeübte Zug wird dann immer stärker, bis er schließlich überhand nimmt, und der Wiedereintritt erfolgt.

173 Welche Gestalt hat der Astralkörper während einer Exkursion?

Prinzipiell ist seine Gestalt beliebig wählbar und direkt dem Willen unterworfen. Wird keine bewußte Formgebung vorgenommen, so bestimmt das Unterbewußtsein die Gestalt. Sie ist dann sehr ähnlich dem physischen Körper und häufig auch bekleidet. Manchmal entsteht auf diese Weise auch ein eher gestaltloses, körperunähnliches Gebilde. Oft wird von einer Art Strahlungsfeld berichtet, das diesen Körper umgibt („Aura").

174 Kann man während einer Astralexkursion seine Umwelt wahrnehmen?

Ja, vorausgesetzt man ist bei normalem Bewußtsein. Die Wahrnehmung erfolgt primär optisch, d. h. die materielle Umgebung sowie der Astralkörper und die Verbindungsschnur sind sichtbar. Allerdings ist es nicht das gewöhnliche physikalische Licht, das dieser Wahrnehmung zugrunde liegt, denn sie funktioniert auch bei totaler Finsternis, und außerdem ist es mitunter möglich, durch feste Gegenstände hindurchzusehen. Manche Autoren vermuten ein eigenes „Astrallicht", die Wirklichkeit dürfte jedoch etwas komplizierter sein. Akustisches Hören (ebenso wie das Berühren von Gegenständen) ist nicht möglich, wird jedoch durch einen Vorgang ersetzt, der eng mit Telepathie verwandt ist.

175 Kann man bei einer Exkursion die Bewegungen des Astralkörpers im Raum steuern?

Zu Beginn werden meist unbeeinflußbare Bewegungen geschildert, die automatisch ablaufen (oftmals im Zustand kataleptischer Starre). Sobald diese Anfangsphase jedoch vorüber ist, soll die bewußte Fortbewegung überaus einfach sein, indem sie direkt dem bloßen Willen gehorcht. Für die Geschwindigkeiten, die beim Zurücklegen größerer Entfernungen auftreten, scheint es keine Obergrenze zu geben.

176 Kann ein Astralkörper einen anderen berühren?

Andere Astralkörper werden als ebenso fest empfunden wie der eigene oder die Silver-Cord. Das gilt allerdings nur, wenn diese anderen Astralkörper sich ebenfalls auf einer Exkursion befinden, denn lebende Personen werden ebenso leicht durchdrungen wie tote Gegenstände, die keinen Astralkörper besitzen. Daraus läßt sich der Schluß ziehen, daß der Astralkörper während der Projektion eine Veränderung seiner inneren Struktur erfährt.

177 Wodurch werden Astralexkursionen beendet?

Nach einiger Zeit verstärkt sich der von der Silver-Cord ausgeübte Zug auch bei großen Entfernungen. Das kann auch sehr
plötzlich auftreten, z. B. wenn der physische Körper in seiner
Ruhe gestört wird.

178 Läßt sich die Fähigkeit der Astralprojektion erlernen?

Es werden immer wieder verschiedene Methoden angegeben,
die das zustande bringen sollen (insbesondere durch entsprechende Konzentration, Selbsthypnose, etc.). Ein sicheres Er-
folgsrezept gibt es jedoch nicht. Ein gesunder, kräftiger Körper
dürfte dabei eher ein Hindernis darstellen.

179 Wer ist R. A. Monroe?

Robert Allen Monroe ist der Verfasser des Buches „Journeys out
of the Body". Darin beschreibt er seine ausgedehnten Erfahrungen mit Astralexkursionen. Seine Fähigkeiten wurden auch
unter Laborbedingungen getestet, wobei sich jedoch keine
schlüssigen Resultate erzielen ließen.

180 Was bezeichnet Monroe als Schauplatz I?

Das ist die Umwelt einer Astralexkursion, wenn sie mit der
gewöhnlichen materiellen Welt identisch ist. Unterschiedlich
ist dabei lediglich die Art der Wahrnehmung und Wechselwirkung: feste Objekte werden mühelos durchdrungen, man kann
vielfach auch durch sie hindurchblicken, die Fortbewegung
geschieht unmittelbar durch Gedanken etc. Nur in Ausnahme-
fällen ist es möglich, auf materielle Gegenstände oder Personen
irgend einen Einfluß auszuüben. (Beispielsweise gelang es
Monroe einmal, eine Frau in die Taille zu zwicken, was bei
dieser eine Schmerzreaktion auslöste.) Die meisten Astralexkursionen finden in diesem Schauplatz I statt, so auch alle, die
Sylvan Muldoon mit seinem berühmten Werk „The Projection
of the Astral Body" beschreibt. Auch Sterbende beginnen ihre
postmortalen Erlebnisse durchwegs in dieser Umgebung.

181 Was ist Monroe's Schauplatz II?

Schauplatz II hat mit unserer Welt keine große Ähnlichkeit. Er
wird insbesondere von Personen bevölkert, die schon seit

längerer Zeit tot sind, und die sich dort eine astrale Umgebung geschaffen haben. Die materielle Welt ist für sie nicht mehr wahrnehmbar.

182 Was ist bei Monroe der Schauplatz III?

Es handelt sich dabei um eine Erfahrung, die aus anderen Quellen kaum bekannt ist. Schauplatz III ist eine von Menschen bevölkerte physische Welt, die sich jedoch von unserer dadurch unterscheidet, daß die Geschichte der Technik dort einen anderen Verlauf genommen hat (keine Verbrennungsmotoren, keine Elektrizität, Autos mit Dampfantrieb etc.). Die natürliche Umwelt (z. B. Bäume) und die allgemeinen Strukturen der Zivilisation (Städte, Häuser, Berufe etc.) sind jedoch gleich. Offensichtlich ist Schauplatz III eine Art Parallelwelt hier auf der Erde, die unsere ohne physische Wechselwirkung durchdringt.

183 In welcher Weise erlebte Monroe den Schauplatz III?

Monroe beschreibt, daß er immer wieder einen Bewohner des Schauplatzes III (stets denselben) für kurze Zeit aus seinem Körper verdrängte, und somit an dessen Umgebung physisch Anteil nahm. Viele der Erinnerungen und Kenntnisse dieses Menschen waren jedoch Monroe als Eindringling nicht zugänglich (vielleicht gar nicht physisch gespeichert), was mitunter zu peinlichen Szenen führte.

184 Was ist eine Übergeist-Kommunikation?

Monroe beobachtete, daß es ihm möglich war, während einer Astralexkursion lebende Menschen (telepathisch) anzusprechen und auf seine Fragen auch Antworten zu erhalten, wobei der Gefragte keine physische Reaktion zeigte, und ihm der ganze Vorgang auch nicht zu Bewußtsein kam. Offenbar wird dabei ein anderes als das normale Wachbewußtsein kontaktiert.

185 Ist es möglich, auf Astralexkursionen bestimmte lebende oder tote Personen aufzusuchen?

Angeblich ist es leichter, Personen zu finden als Orte. Mangelnde Konzentration jedoch kann (vielleicht neben anderen Ursachen) den gewünschten Kontakt vereiteln. Monroe beschreibt einige Fälle, in denen es ihm gelang, verstorbene Freunde im Schauplatz II wiederzutreffen, allerdings nur für kurze Zeit.

186 Was sind Phantomschmerzen?

Das sind Schmerzen in einem bereits amputierten Glied. Sie lassen sich als Erregung der entsprechenden Nervenzentren (z. B. im Gehirn) deuten, werden aber mitunter auch als Argument für die Existenz des Astralkörpers vorgebracht.

187 Worin besteht der Phantomeffekt?

Es wird berichtet, daß es möglich sei, den weggeschnittenen Teil eines lebenden Blattes nachher im Kirlianphoto wieder sichtbar zu machen, indem der (unbeschädigte) Astralkörper des fehlenden Blatteils zur Abbildung gelangt. Diesem Effekt wohnt zwar eine recht hohe Beweiskraft inne, er konnte jedoch bisher noch nie unter einwandfrei kontrollierten Bedingungen demonstriert werden. Sollte der Astralkörper also wirklich photographierbar sein, so dürften damit erhebliche technische Schwierigkeiten verbunden sein, sodaß das Experiment nur selten gelingt.

188 Was ist Bilokation?

Die Fähigkeit eines Menschen, an zwei verschiedenen Orten gleichzeitig zu erscheinen, heißt Bilokation. Soweit das Phänomen echt ist, und nicht bloß eine Halluzination, läßt es sich mit Astralexkursionen oder Tulpas (→ 262) erklären, unter Umständen verbunden mit einer Materialisation (→ 192).

189 Was war der berühmteste Fall von Bilokation?

Alfonso Maria di Liguori, der Begründer des Redemptoristenordens, soll 1774 während er sich (apathisch) in seiner Zelle in Arezzo befand, gleichzeitig in Rom an der Bahre des sterbenden Papstes Clemens XIV gesehen worden sein. Später erwachte er wieder und berichtete von seinem Aufenthalt im Vatikan.

190 Was ist ein Doppelgänger?

Bei einem Bilokationsphänomen ist das Bewußtsein i. a. auf eine der beiden Erscheinungen beschränkt. Die andere heißt dann Doppelgänger.

191 Was ist ein Vardögr?

Das ist ein Doppelgänger, der nur akustisch wahrgenommen wird bzw. werden kann. Der Ausdruck ist vor allem in Nordeuropa verbreitet.

192 Was ist eine Materialisation?

Das ist ein (nicht näher erklärbarer) Vorgang, bei dem sich die Struktur eines astralen Körpers oder Gegenstandes in einer Weise ändert, die ihn für den menschlichen Tastsinn erfahrbar macht. Der gegenteilige Prozeß heißt Dematerialisation. Im Extremfall ist dann kein unmittelbar wahrnehmbarer Unterschied zu gewöhnlicher Materie vorhanden.

193 Was bedeutet das Wort „Seele"?

Seele ist das sprachliche Korrelat zu Körper, und wird meist in religiösem Zusammenhang verwendet, wo es dann das innere Selbst des Menschen, sein Bewußtsein, seinen Astralkörper oder irgend eine andere nichtmaterielle Komponente bezeichnen kann. Das Adjektiv „seelisch" hingegen hat keine religiöse Konnotation und bedeutet nichts weiter als psychisch im Sinne der Psychologie.

194 Was ist ein Medium?

Im weitesten Sinne versteht man unter einem Medium jede Person mit irgendwelchen paranormalen Fähigkeiten. Die ursprüngliche Bedeutung des Wortes ist die eines Mittlers zwischen der materiellen Welt und den Geistern, d. h. also einer Person, die in der Lage ist, einen spiritistischen Kontakt herbeizuführen oder zu erleichtern.[17]

195 Was sind physikalische Medien?

Das sind solche Medien, bei denen schon Materialisationen, Spuk, Psychokinese und andere materielle Phänomene beobachtet wurden.

196 Was sind Trance-Medien?

Trancemedien sind solche, die ihre Fähigkeiten im normalen Wachbewußtsein nicht zur Geltung bringen können. Andernfalls würde man sie als mentale Medien bezeichnen.

197 Wer war D. D. Home?

Daniel Dunglas Home war das berühmteste physikalische Medium des 19. Jahrhunderts. Er erzeugte eine reiche Palette verschiedenartigster spiritistischer PK-Phänomene, meist bei Tageslicht und vollem Bewußtsein, ohne daß ihm auch nur in einem einzigen Fall jemals Betrug nachgewiesen werden konnte. Seine berühmteste Einzelleistung war eine Levitation im Jahre 1868, bei der er (laut Angabe von Augenzeugen) einem im 3. Stock gelegenen Raum verließ, indem er aus dem Fenster schwebte, bevor er durch ein anderes Fenster das Haus wieder betrat. Seine z. T. von William Crookes unter Laborbedingungen untersuchten und bestätigten Fähigkeiten gehören zu den eindrucksvollsten in der Geschichte der Parapsychologie.

198 Was ist eine Séance?

Eine Séance ist eine Zusammenkunft mehrerer Personen, von denen zumindest eine als Medium gilt, zum Zweck der Kontaktaufnahme mit Geistern.

199 Was ist Automatismus?

Das sind Handlungen eines Menschen, die nicht von seinem Willen gesteuert sind, also scheinbar von selbst ablaufen. Parapsychologisch bedeutsam sind dabei jene Automatismen, die Informationen liefern, wie z. B. automatisches Sprechen, Zeichnen, Schreiben oder Buchstabieren. Diese dem Unterbewußtsein entstammenden Informationen enthalten oft auch solche paranormaler Herkunft. Insbesondere für spiritistische Zwecke werden Automatismen gerne verwendet.

200 Was sind Doodles?

Das sind kleine Kurven, Wellen und ähnliche sinnlose Linien, die häufig zu Beginn des automatischen Schreibens auftreten. Sie gehen dann fließend in lesbaren Text über.

201 Erfolgt automatische Schrift stets in der Handschrift des Mediums?

Nein. In zahlreichen Fällen ist es eine dem Medium fremde Schrift, oftmals hat sie beträchtliche Ähnlichkeit mit der ehemaligen Handschrift des kontaktierten Geistes. Auch automatische Spiegelschrift wird beobachtet, und in vielen Fällen ist die Schreibgeschwindigkeit gegenüber der normalen wesentlich erhöht. Analoge Veränderungen werden auch bei automatischem Sprechen und Zeichnen beobachtet.

202 Was ist automatische Literatur?
Manche Bücher werden durch automatisches Schreiben bzw. Diktieren verfaßt, wobei meist ein diskarnierter Geist als Verfasser zeichnet. Nach dem Urheberrecht gilt jedoch stets das Medium als Verfasser.

203 Gibt es auch Romane, die durch automatische Schrift entstanden sind?
Ja. Am bekanntesten sind jene des irischen Mediums Geraldine D. Cummins. Sie schrieb neun historische Romane, die in der Zeit des Frühchristentums spielen, sowie zusätzlich noch andere belletristische Werke.

204 Was ist ein Ouija-Brett?
Das ist ein Hilfsmittel, das manchmal bei Séancen verwendet wird. Es zeigt alle Buchstaben des Alphabets, sowie die Wörter ja (französisch: oui) und nein. Eine auf diesem Brett bewegliche Planchette wird durch die Hand des Mediums (oder kollektiv durch alle Sitzungsteilnehmer) bewegt, und soll die Antworten der Geister auf gestellte Fragen buchstabieren.

205 Was ist eine Planchette?
Das ist ein leicht bewegliches Brettchen, das bei Séancen zum automatischen Schreiben der Buchstaben verwendet wird. Entweder ist ein Stift daran befestigt, der die Bewegungen der Planchette auf einer Papierunterlage festhält, oder sie wird zusammen mit einem Ouija-Brett zum Buchstabieren verwendet.

206 Was ist Tischrücken?
Bei manchen Séancen treten angeblich paranormale Bewegungen von Tischen auf, als deren Ursache dann Geister angesehen werden. Es kann sich dabei durchaus um einen psychokinetischen Effekt handeln, der auf die Anwesenden oder auch auf

einen Geist zurückgeht. Im allgemeinen werden jedoch zumeist unbewußte Muskelbewegungen der Teilnehmer als Ursache vermutet. „Tischchenrücken" ist eine eher verächtliche Bezeichnung für alle Arten spiritistischer Betätigung.

207 Was ist eine direkte Schrift?
Damit ist eine paranormale Schrift gemeint, die z. B. im Verlauf einer Séance auftritt. Sie wird nicht vom Medium oder einem Teilnehmer physisch verursacht, sondern entsteht unvermittelt an irgendeinem Gegenstand. Analog dazu gibt es auch den Begriff der direkten Sprache, die aus irgendeinem Teil des Raumes ertönt, in dem sich niemand aufhält. Soweit das Phänomen echt ist, dürfte es auf Psychokinese zurückzuführen sein.

208 Was ist ein Control?
Er wird mitunter auch als „Kontrollgeist" eingedeutscht. Gemeint ist ein Geist, der die Fähigkeit hat, Kontakte zu lebenden Menschen zu ermöglichen oder zu erleichtern. Ein Control ist also eine Art astrales Medium.

209 Was für Personen treten als Controls auf?
Die bisher bekannt gewordenen Controls bilden eine sehr reiche Palette unterschiedlicher Figuren. Die animistische Vorstellung, wonach es sich bei ihnen um dramatisierte Erfindungen des Unterbewußtseins des Mediums handelt, ist sicherlich in vielen jener Fälle richtig, in denen romantische Exoten (Indianer[18], Piraten etc.) oder bemerkenswerte historische Persönlichkeiten (z. B. Aristoteles) auftreten. Es wäre allerdings auch denkbar, daß sich echte Geister absichtlich eine falsche Identität zulegen, um vom Unterbewußtsein des Mediums bereitwilliger akzeptiert zu werden. Andere, glaubwürdigere Controls bezeichnen sich als diskarnierte Geister unbedeutender (aber dennoch z. T. historisch verifizierbarer) Personen. Es gibt auch Fälle, in denen Controls später zugeben, bezüglich ihrer prominenten Identität gelogen zu haben. Manche bleiben völlig anonym oder legen sich ein beliebiges Pseudonym zu. Auch solche, die behaupten, noch nie als Mensch gelebt zu haben, sind schon aufgetreten.

Bemerkenswert ist, daß nicht nur bei einem Medium (oft

sogar gleichzeitig) mehrere Controls aktiv sein können, sondern daß manche Controls auch bei verschiedenen Medien beobachtet wurden. Einen besonderen Fall bilden jene Controls, die mit noch lebenden Menschen identisch sind, deren Körper dabei i. a. gerade schlafen, was an (meist unbewußte) Astralexkursionen denken läßt. Gerade diese Tatsache legt auch die Möglichkeit echter diskarnierter Controls nahe.[19]

210 Was ist Ektoplasma?
Damit wird eine hypothetische Substanz bezeichnet, die angeblich in manchen Fällen dem Medium entströmt, und den Grundstoff für Materialisationen abgibt. Dieser Effekt ist zwar prinzipiell denkbar, gilt aber heute als eher unglaubwürdig.

211 Was ist Reperkussion?
Angeblich ist es möglich, bei einer Séance dem auftretenden Ektoplasma Schaden zuzufügen (Verletzungen), der sich sodann auf das Medium nachteilig auswirkt. Als Reperkussion bezeichnet man aber auch das schlagartige Wiedereintreten des Astralkörpers in den physischen, wenn dieser in seiner Ruhe gestört wird.

212 Was sind Feuergänger?
Manche Personen haben eine unerklärliche Unempfindlichkeit gegenüber Feuer, das ihnen anscheinend (zumindest einige Zeit lang) keinen Schaden zufügt. Beispielsweise gibt es Menschen, die unverletzt über glühende Gegenstände gehen können (die Feuergänger im engeren Sinn), diese Unempfindlichkeit wird jedoch auch an Händen und anderen Körperstellen beobachtet. Das Phänomen hat sicher parapsychologische Bedeutung, aber mit Ausnahme der Theorie, daß sich ein schützender Ektoplasma-Schirm zwischen die Person und das Feuer schiebt, sind bisher keine Erklärungen dafür vorgebracht worden.

213 Was ist mit dem Wort „abzapfen" gemeint?
Abzapfen heißt, einer oder mehreren lebenden Personen ohne deren Wissen telepathisch Informationen zu entnehmen. Der Animismus führt alle paranormalen Informationen, die auf anscheinend spiritistischem Weg gewonnen werden, auf Anzapfen bzw. Hellsehen zurück.[20]

214 Was sind Drops-Ins?

Damit sind Geister gemeint, die ohne gerufen worden zu sein plötzlich in eine spiritistische Séance „hineinplatzen", und die bis dahin keinem der Anwesenden bekannt waren.

215 Was ist eine Proxy-Sitzung?

Das ist eine Séance, bei der die Angehörigen des zu kontaktierenden Geistes durch jemand Fremden vertreten werden. Damit wollte man ursprünglich die Möglichkeit des telepathischen Abzapfens von Informationen aus diesen Angehörigen verhindern. Da jedoch Telepathie auch über große Entfernungen funktioniert, ist diese Methode nicht beweiskräftig.

216 Ist jemals der Versuch gemacht worden, spiritistische Medien durch eine Maschine zu ersetzen?

Der bekannte amerikanische Erfinder Thomas Alva Edison bemühte sich, ein Gerät zu konstruieren, das Verbindung mit Geistern herstellen sollte. Die Pläne waren aber bei seinem Tod noch unvollendet.

217 Was sind Tonbandstimmenphänomene?

Es kommt vor, daß auf Tonbändern beim Abspielen Details entdeckt werden, die vorher nicht aufgenommen worden sind (z. B. gesprochene Worte oder Sätze). Es handelt sich dabei vermutlich um eine psychokinetische Magnetisierung durch einen Anwesenden, obwohl auch spiritistische Deutungen nicht ausgeschlossen werden können, wie sie vor allem Konstantin Raudive vorschlug. Das Phänomen der Tonbandstimmen wird auch als Jürgenson-Effekt bezeichnet, nach Friedrich Jürgenson, der es 1959 entdeckte. Interessant ist, daß mehrmaliges Abhören der Bänder die Deutlichkeit des Effekts mitunter verstärkt.

218 Was sind Augenblicksgötter?

So bezeichnete Hermann Usener spontane paranormale Phänomene, die in der Antike auftraten, und die mit den damals üblichen Begriffen erklärt wurden, indem man eigens dafür einen sonst unbekannten Gott erfand. Ein Beispiel für einen Augenblicksgott ist Aius Locutius, der im Jahre 390 v. Chr. (5611

HE)²¹ die Römer mittels direkter Sprache (erfolglos) vor den Galliern warnte.

219 Was sind Raps?

Raps sind klopfende oder knackende Geräusche, die (angeblich) von Geistern stammen und mit Hilfe eines Codes (z. B. 1 x = ja, 2 x = nein) verwendet werden, um aus dem Jenseits Antworten auf gestellte Fragen zu erhalten. Neben normalen Ursachen können Raps auch durch unbewußte Psychokinese hervorgerufen werden.

220 Was sind Klopfgeister?

Das sind Geister, die sich durch Klopfsignale (Raps) zu erkennen geben, bzw. auf die solche Geräusche manchmal zurückgeführt werden.

221 Was ist ein Extra?

Das ist die photographische Abbildung eines Geistes oder irgendeines anderen paranormalen Objekts, das auftritt ohne daß es während der Aufnahme direkt wahrnehmbar gewesen wäre. In solchen Fällen ist natürlich Photomontage des Bildes schwer auszuschließen. Es wäre jedoch auch denkbar, daß die Empfindlichkeit des Films, die von jener des Auges abweicht, diesen Effekt bewirkt.

222 Was ist paranormale Kälte?

Mitunter treten unerklärliche Temperaturstürze im Zusammenhang mit psychokinetischen Phänomenen auf (beispielweise bei manchen Séancen). Als Erklärung wird meist vermutet, daß die fehlende Wärmeenergie in dem gleichzeitig oder kurz danach auftretenden PK-Vorgang verbraucht wird.

223 Was war der Fall Voltura?

Voltura war ein britisches Schiff, auf dem 1913 im Atlantik eine Brandkatastrophe stattfand. Gleichzeitig wurden die dortigen Ereignisse (z. B. Explosionen etc.) von den Teilnehmern einer Londoner Séance als Halluzinationen wahrgenommen.

224 Was sind Schamanen?

Schamanen sind eine Art ekstatischer Medizinmänner und spiritistische Medien, die im Rahmen verschiedener Naturreligionen vor allem in Nordasien auftreten. Im Zusammenhang mit ihnen wird eine Fülle paranormaler Phänomene berichtet.

225 Welcher Spukfall war der Auslöser für den modernen Spiritismus?

Es war dies der Spuk bei der Familie Fox in Hydesville (New York), der 1848 begann. Der Farmer John D. Fox bezog 1847 zusammen mit seiner Frau und den beiden Töchtern Margaret (= Margaretta) und Kate (= Catherine) eine neue Wohnung. Sein Vorgänger (M. Weakman) war 1846 ausgezogen, weil er sich durch Spukgeräusche belästigt gefühlt hatte. Die unerklärlichen Geräusche traten erneut auf, kurz bevor eine dritte Tochter (Leah) geboren wurde. Einem Besucher (Isaak Post) fiel 1848 auf, daß dort auftretende Klopfgeräusche sinnvoll gesteuert waren. Schließlich wurde ein Code entwickelt, um diese „Raps" zur Kommunikation zu verwenden. Es meldete sich der Geist eines im Alter von 31 Jahren ermordeten und im Keller begrabenen Händlers namens Charles B. Rosma. Nachforschungen führten tatsächlich zur Auffindung von Skeletteilen im Keller. Erst 1904 aber stürzte in dem bereits unbewohnten Haus eine Kellerwand ein und legte ein kopfloses Skelett bloß. Kate und Margaret wurden später zu Berufsmedien, in deren Umgebung auch an anderen Orten die gleichen Raps auftraten. Obwohl sie in späteren Jahren auch bei betrügerischen Handlungen ertappt wurden, hatten sie dennoch entscheidenden Einfluß auf die Ausbreitung des Spiritismus.

226 Wer war der „Seher von Poughkeepsie"?

Damit ist der amerikanische Spiritist Andrew Jackson Davis aus Poughkeepsie (New York) gemeint. Er verfaßte (in Trance) theoretische Bücher über den Spiritismus. Im Leben und den Büchern von Davis gibt es zwar einige parapsychologisch interessante Details, bedeutend ist er jedoch nur durch seinen historischen Einfluß auf die Entwicklung des volkstümlichen Spiritismus.[22]

227 Was ist Summerland?
Diesen Ausdruck wählte Andrew Jackson Davis für die Lebensbedingungen der Geister, die sich in ihrer astralen Umwelt wohl fühlen.

228 Was war Kardec?
Allan Kardec ist das Pseudonym des französischen Arztes Hippolyte Léon Denizard Rivail. Er begründete eine spiritistische Religion, die den Glauben an die Reinkarnation besonders betont, und die heute vor allem in Brasilien verbreitet ist. 1859 erschien sein einflußreichstes Werk, das „Buch der Geister", das als eine Art Bibel der Spiritisten gilt.

229 Wer war F. W. H. Myers?
Frederic William Henry Myers war Altphilologe und ein Gründungsmitglied der SPR. Als Parapsychologe beschäftigte er sich vor allem mit der Frage des Weiterlebens nach dem Tod. Er prägte auch die Ausdrücke Telepathie und Clairvoyance. Myers starb 1901 und es hat den Anschein, daß er danach der Urheber der sogenannten Kreuzkorrespondenz war.

230 Was war die Kreuzkorrespondenz?
Damit bezeichnet man eine große Anzahl spiritistischer Botschaften, die miteinander in Beziehung stehen, und allem Anschein nach einen Versuch darstellen, mit dem etliche verstorbene Parapsychologen vom Jenseits aus ihr Weiterleben beweisen wollten. Viele geographisch weit verstreute Medien (z. B. in England, Amerika, Indien) erhielten durch automatisches Schreiben Botschaften, die anscheinend von Myers und später auch von anderen ehemaligen Gründungsmitgliedern der SPR stammten. Darin waren oft sehr wenig bekannte Details (z. B. der antiken Literatur) enthalten, die den Medien gänzlich fremd waren. Viele der Texte sind auch für sich allein ziemlich unverständlich, denn sie brachen plötzlich ab, um durch ein anderes Medium fortgesetzt zu werden. Erst die nachträgliche Auswertung der Manuskripte durch die SPR zeigte, daß sie mitsammen Sinn ergeben. Die Kreuzkorrespondenz begann 1906 und zog sich jahrzehntelang hin. Einen strengen Beweis für das Weiterleben konnte sie zwar nicht erbringen, allerdings

wirken alle animistischen Alternativerklärungen unglaubwürdig und konstruiert, so daß auch heute noch von einem sehr starken Argument zugunsten des Spiritismus gesprochen werden kann. Zu den bekanntesten daran beteiligten Medien zählten Mrs. Piper, Mrs. Holland (= Alice Kipling Fleming, die Schwester des Schriftstellers Rudyard Kipling) und Mrs. Willet (= W. M. S. Coombe-Tenant).

231 Wer war Ruytemberg Rocha?

1961 meldete sich bei einer spiritistischen Séance in São Paulo der Geist eines 1932 getöteten brasilianischen Soldaten dieses Namens. Er befand sich in einem verwirrten Zustand und war sich über die Tatsache seines physischen Todes nicht im klaren. Die Angaben zu seiner Person konnten später vom IBPP (dem von H. G. Andrade geleiteten brasilianischen Institut für Parapsychologie) bestätigt werden.

232 Wer war Patience Worth?

Spiritistischen Informationen zufolge war Patience Worth eine Engländerin des 17. Jahrhunderts, die nach Amerika auswanderte und dort von Indianern getötet wurde. Ab 1913 äußerte sie sich durch das Medium Pearl L. Curran aus St. Louis (USA), erst durch ein Ouija-Board, später durch automatisches Sprechen. Berühmt wurde der Fall dadurch, daß Patience Worth ein entsprechend veraltetes Englisch benutzte, das dem ziemlich ungebildeten Medium (das überdies nur Slang sprach) schwer verständlich war. Zudem ließen sich etliche Details ihrer Berichte historisch bestätigen. Patience Worth ist offensichtlich die Autorin einer ausgedehnten automatischen Literatur (vor allem historischer Romane), die mit erstaunlicher Geschwindigkeit entstand. Eines ihrer Bücher wurde mit dem Pulitzer-Preis ausgezeichnet.

233 Wer ist Rosemary Brown?

Dieses englische Medium ist vor allem dafür bekannt, daß ihr angeblich berühmte Komponisten (z. B. Franz Liszt) neue Musikstücke diktiert haben. Einige dieser Werke wurden sogar auf Schallplatten herausgegeben, und klingen nach Ansicht von Experten bemerkenswert echt. Dennoch wird meist angenommen, daß es sich dabei um unbewußte Schöpfungen des Mediums selbst handelt.

234 Wer war Bischof Pike?

James Albert Pike beobachtete nach dem Selbstmord seines Sohnes Jim 1966 verschiedene Poltergeist-Phänomene. Er unternahm daraufhin etliche Versuche, durch spiritistische Medien (insbesondere Arthur Ford) mit seinem Sohn in Kontakt zu treten. Eine dieser Séancen wurde im Fernsehen übertragen, was den Fall schnell bekannt machte. Obwohl Pike Bischof war, hatte er bis dahin die Möglichkeit des Weiterlebens nach dem Tod nie wirklich geglaubt, und war deshalb von seinen Erlebnissen äußerst beeindruckt. Er selbst verunglückte einige Jahre später in der israelischen Wüste. Noch vor Auffindung seiner Leiche erhielt das Medium E. Twigg (die er selbst früher besucht hatte) eine Botschaft, in der Pike seinen Tod schilderte.

235 Was war das Chaffin-Testament?

Der Farmer James L. Chaffin aus North Carolina (USA) machte 1905 ein Testament, worin er einen seiner vier Söhne als Universalerben einsetzte. 1921 erschien er einem anderen Sohn in Trance und teilte ihm mit, wo sich ein späteres, geändertes Testament befindet. An der angegebenen Stelle wurde es tatsächlich gefunden und schließlich auch gerichtlich anerkannt. Der paranormale Gehalt dieses Traumes ist unbestritten, animistische Parapsychologen interpretieren ihn aber als vom Untebewußtsein des Träumenden dramatisiertes Hellsehen.

236 Was ist das Ohr des Dionysos?

Diese Bezeichnung trägt eine Grotte in Syrakus (Sizilien), die besondere akustische Eigenschaften aufweist. Der Sage nach soll dort der Tyrann Gefangene eingesperrt haben, um sie zu belauschen. Im Rahmen der Kreuzkorrespondenz kamen mehrmals Hinweise auf diese Geschichte vor, und zwar in Botschaften des Altphilologen Arthur W. Verrall. Dieser hatte sich zu Lebzeiten einmal über seine Frau Margaret lustig gemacht, weil sie die Sage nicht kannte. Da sonst niemand von dieser Episode wußte, werden die Anspielungen auf die Grotte als Identitätsnachweis Verralls betrachtet, der sich solcherart seiner Frau zu erkennen gab.

237 Was war der Palmsonntagsfall?

Das Medium Mrs. Willet (= W. M. S. Coombe-Tenant) erhielt durch automatisches Schreiben Botschaften von Mary Lyttelton, einer Jugendliebe von Arthur J. Balfour (SPR Präsident und englischer Premierminister). Darin teilte sie u. a. mit, daß sie mittlerweile in Australien (und zwar an einem Palmsonntag) verstorben ist, was nachträglich überprüft werden konnte.

238 Wer sind John und Katie King?

So bezeichneten sich zwei Controls, die bei vielen verschiedenen Medien auftraten. John King behauptete, eigentlich der berühmte Pirat Henry Morgan zu sein, und Katie seine Tochter Annie Owen Morgan. Der bekannteste Fall ist Katie Kings Auftreten in materialisierter Form bei dem Medium Florence Cook, wobei sie von dem bekannten Physiker William Crookes berührt und mehrfach photographiert wurde. Skeptiker mutmaßen jedoch, Crookes hätte ein Verhältnis mit dem Medium gehabt, und deshalb bewußt ihre (angeblichen) Betrügereien gedeckt.

239 Wer ist Seth?

Nach eigenen Angaben ist Seth das Pseudonym eines diskarnierten Geistes, der sich durch die amerikanische Schriftstellerin Jane Roberts in Form automatischen Sprechens äußert. Die dabei zutage tretenden spiritistischen Informationen zeichnen sich durch Reichhaltigkeit und ein ungewöhnlich hohes geistiges Niveau aus.[23]

240 Wer waren die Brüder Davenport?

Ira Erastus und William Henry Davenport waren durch öffentliche Auftritte bekannte amerikanische Medien des 19. Jahrhunderts. Die Echtheit ihrer physikalischen Effekte (z. B. Tischlevitationen etc.) sind bis heute umstritten. Zumindest teilweise dürfte auch Betrug verwendet worden sein.

241 Wer war Houdini?

Harry Houdini war ein berühmter Entfesselungskünstler, der sich nebenbei auch mit Parapsychologie, d. h. insbesondere mit der Entlarvung betrügerischer Medien beschäftigte. Houdini verabredete mit seiner Frau ein Schlüsselwort („Rosabelle believe"), das nach seinem Tod allenfalls beweisen soll, daß er durch ein Medium kontaktiert wurde. Das geschah später tatsächlich durch Arthur Ford, der dadurch berühmt wurde. Die wissenschaftliche Beweiskraft ist allerdings bescheiden.

242 Wer war Eusapia Paladino?

Paladino war ein oft untersuchtes Medium aus Italien. Obwohl sie verschiedentlich als Betrügerin entlarvt werden konnte, vollbrachte sie in anderen Fällen wieder höchstwahrscheinlich echte Leistungen. Diese doppelte Verhaltensweise war für viele Berufsmedien typisch.

243 Wer war Eileen Garrett?

Garrett gehörte zu den berühmtesten Medien und Sensitiven unseres Jahrhundert. Bekannt wurde sie durch eine Reihe von Prämonitionen und Trance-Botschaften im Zusammenhang mit dem Absturz des britischen Luftschiffs R101. Später gründete und leitete sie in New York die Parapsychology Foundation. Garrett war insofern eine Ausnahme unter den Medien, als sie selbst keine Anhängerin des Spiritismus war.

244 Welches war das bestuntersuchte spiritistische Medium?

Diese Auszeichnung dürfte Mrs. Piper zukommen. Sie wurde insbesondere von R. Hodgson überprüft, der niemals irgendwelche Anzeichen von Betrug entdeckte. Mrs. Piper produzierte nur Informationen (insbesondere im Zusammenhang mit der Kreuzkorrespondenz), jedoch keine physikalischen Effekte.[24]

245 Wer war Richard Hodgson?

Hodgson war ein weltweit gefürchteter Entlarver betrügerischer Medien. Sein berühmtestes Opfer war H. P. Blavatsky, die Gründerin der Theosophischen Gesellschaft. Erst die Überprüfung von Mrs. Piper überzeugte ihn davon, daß es überhaupt echte paranormale Phänomene gibt.[25]

246 Was ist das berühmteste Haus mit ortsgebundenem Spuk?

Am bekanntesten ist Borley Rectory, also das Pfarrhaus der englischen Stadt Borley, wo das Gespenst einer Nonne von 1885 bis 1943 auftrat. Auch andere Phänomene, wie sie eher für Poltergeistfälle typisch sind, wurden häufig beobachtet.

247 Was besagt die Theorie des Phantasierauschens?

Jede Übertragung von Information ist mehr oder weniger stark durch Störungen beeinträchtigt, die man als Rauschen bezeichnet. Während jedoch technisches Rauschen (z. B. beim Radio) zwar Informationen zerstören, aber keine neuen erzeugen kann, werden bei psychischen Übertragungen im Unterbewußtsein des Empfängers oft durchaus neue, sinnvolle Informationen gebildet und dem Sender unterstellt, von dem sie jedoch in Wirklichkeit nicht stammen. Das tritt auch im Rahmen der gewöhnlichen Psychologie auf, und zwar vor allem dann, wenn die empfangene Botschaft sinnlos erscheint (beispielsweise wenn sie verstümmelt ankommt). Sogar im Alltag läßt sich Derartiges beobachten, wenn in einen Text ein fehlendes, aber erwartetes Wort unbewußt eingeschoben wird, und man ganz sicher ist, es auch gehört zu haben. Bei paranormalen Informationsübertragungen (Telepathie, Medien etc.), die primär unterbewußt ablaufen, wird dieser Mechanismus des Phantasierauschens dann zu einem ernsten Problem, denn viele dieser Botschaften (insbesondere spiritistische) können ja nicht nachträglich überprüft werden, so daß ihre Glaubwürdigkeit nie mit Sicherheit feststeht. Im Gegensatz zum Fehlen läßt sich das Auftreten des Phantasierausch-Effektes (der allenfalls auch 100 % einer Botschaft ausmachen kann) eher belegen, wenn nämlich diese Botschaft und die Persönlichkeit des (angeblichen) Senders nicht zusammenpassen. Ganz eindeutig ist natürlich auch das nicht, weil ja die jeweilige psychische Situation (z. B. Verwirrung) etwa eines diskarnierten Geistes nicht bekannt ist.

248 Was ist der Niveauschwund-Effekt?

Es kommt häufig vor, daß Gelehrte und andere geistig hochstehende Personen nach ihrem Tod über Medien (angebliche) Botschaften senden, deren Banalität in krassem Widerspruch zum intellektuellen Niveau dieser Menschen steht. Die wahrscheinlichste Erklärung für diesen Effekt (wenn man von Betrug absieht) ist die, daß es sich dabei (vorwiegend oder zur Gänze) um Phantasierauschen des Mediums handelt.

249 Was war der berühmte Fall der Marssprache?

Das Schweizer Medium Helène Smith (= Catherine Elise Müller) gab in Trance Berichte über die Zivilisation auf dem Mars und beherrschte dabei auch eine dort angeblich benutzte Sprache und Schrift fließend. Später konnte gezeigt werden, daß es sich dabei um ein nach bestimmten Regeln unkenntlich gemachtes Französisch handelte.[26] Die Erfindung der Marssprache ist offensichtlich eine unbewußte schöpferische Leistung des Mediums und somit ein klassisches Beispiel für Phantasierauschen. Eine ähnliche Marssprache trat später auch bei dem Medium Mrs. Smead (= Mrs. Cleveland) auf, die vermutlich in irgend einer Weise von Helène Smith beeinflußt war.

Das vom Medium Helène Smith erfundene „Marsalphabet".
Obere Zeile: die Buchstaben a bis s (ohne j und q).
Untere Zeile: die Buchstaben t, u, v, z sowie hinter dem Abstand die Zeichen für Punkt und Plural. Beginnt ein Wort mit s, so erhält dieses oberhalb einen Punkt, während ein Punkt in Zeilenhöhe hinter dem s Verdopplung bedeutet.

250 Worin besteht der Vorgang des Sterbens?

Sterben bedeutet, die Verbindung des Astralkörpers mit dem physischen bleibend zu beenden. Ausgelöst wird dieser Vorgang zumeist durch eine Verschlechterung im Zustand des materiellen Körpers, der sodann nicht mehr geeignet ist, als Partner eines Astralkörpers zu funktionieren. Mitunter werden Sterbende von anderen während einer Astralexkursion beobachtet.

251 Ist es möglich, mit Hilfe von Psi sein Leben zu verlängern?

Die Vorstellung ist zwar naheliegend, es wurden aber, wenn man von paranormaler Krankenheilung und Supernatural Rescue (→ 277) absieht, kaum derartige Fälle berichtet.

252 Gibt es einen genau definierbaren Zeitpunkt des Todes?
Kaum. Sowohl die damit verbundenen physiologisch-chemischen Abbauprozesse als auch das Abtrennen des Astralkörpers dauern einige Zeit.

253 Kann ein Toter wieder zurückkehren und weiterleben?
Das ist ein sprachliches Problem. Definiert man den Tod als einen irreversiblen Vorgang, so ist das nicht möglich. Es kommt allerdings vor, daß Menschen, die klinisch tot sind, später wieder erwachen. Organisch betrachtet muß wenigstens das Gehirn noch soweit intakt sein, daß eine spätere Wiederaufnahme der funktionellen Einheit mit dem (oder vielleicht auch einem anderen) Astralkörper möglich ist. Bei einem zerstörten (z. B. schon verwesten) Gehirn ist diese Möglichkeit wohl kaum gegeben.

254 Hören physische Krankheiten bzw. Schmerzen beim Tod auf?
Im Prinzip ja. Allerdings soll es vorkommen, daß der Patient sich bereits so stark mit seiner Krankheit identifiziert, daß er unbewußt ähnliche Beschwerden in seinem Astralkörper erzeugt und die dazugehörigen Schmerzen halluziniert. Es soll für jene, die noch nicht erkannt haben, daß ihnen gar nichts fehlt, astrale Krankenhäuser und Sanatorien geben, in denen (in verschiedener Maskierung) psychotherapeutische Behandlungen vorgenommen werden.

255 Was bedeutet das Wort Jenseits?
Damit ist die „Welt jenseits des Todes" gemeint, also die (astralen) Lebensbedingungen diskarnierter Geister.

256 Kann man die Existenz von Geistern wissenschaftlich beweisen?
Bis jetzt ist ein strenger Beweis nicht gelungen und es gibt gute Gründe für die Annahme, daß er (zumindest mit den wissenschaftlichen Methoden, die wir uns heute vorstellen können) grundsätzlich nicht erbracht werden kann. Dasselbe gilt jedoch auch für den Gegenbeweis.

257 Wie wahrscheinlich ist die Existenz von Geistern?

In Zahlen läßt sich diese Wahrscheinlichkeit nicht angeben. Die Argumente, die man dafür oder dagegen ins Treffen führen kann, beeindrucken nicht alle Menschen (und auch nicht alle Wissenschaftler) in gleichem Maß. Der konsequente Animismus, der Geister grundsätzlich ausschließt, kommt jedoch bei manchen Psi-Phänomenen stark in Bedrängnis, und muß dann auf recht unplausible und konstruiert wirkende Erklärungen ausweichen. Methodisch ist es am besten, die Existenz von Geistern zwar zu bejahen, allerdings in dem Bewußtsein, daß es sich dabei nicht um eine gesicherte Tatsache handelt.

258 Was bedeutet IPA?

Das ist die Abkürzung für „incorporeal personal agent". Damit ist ein Geist gemeint, der als Urheber für einen beobachteten Psi-Effekt in Frage kommt.

259 Tritt Humor auch bei diskarnierten Persönlichkeiten auf?

Offensichtlich ja. Es hat den Anschein, daß Humor bei den Menschen, die ihn besitzen, ein sehr essentieller Aspekt ihrer Psyche ist, der durch die Existenz oder Nichtexistenz eines physischen Körpers kaum beeinflußt wird. Ein gutes Beispiel für einen humorvollen Geist ist der schon erwähnte Seth.

260 Was sind Earthbound Spirits?

Das bedeutet wörtlich „erdgebundene Geister". Damit sind Verstorbene gemeint, die ihren Tod seelisch noch nicht verkraftet haben, und in krankhafter Weise an der materiellen Welt hängen. Manche befinden sich auch im Zustand starker Verwirrung, so daß ihnen die Tatsache ihres Todes noch nicht richtig zu Bewußtsein gekommen ist. Anfällig für diese Anomalie sind vor allem Selbstmörder (die ja zumeist in einem extremen seelischen Zustand sterben), Mord- und Unfallopfer, sowie Menschen mit starken materialistischen Gewohnheiten (z. B. Säufer). Solange sie diesen pathologischen Zustand nicht bewältigt haben, befinden sie sich in einer Art astralem Übergangsfeld, in dem sie leichter Spukphänomene verursachen oder als Gespenster gesehen werden können.

261 Sind Geisteskrankheiten echte psychische Anomalien, oder werden sie nur durch physische Gebrechen des Gehirns vorgetäuscht?

Vermutlich gibt es beide Varianten. Ein typisches Beispiel für die zweite Möglichkeit dürfte Senilität bzw. Verkalkung sein. Es ist daher anzunehmen, daß derartige Behinderungen mit dem Tod aufhören bzw. subjektiv schon vorher gar nicht existieren. Der Patient kann in so einem Fall zwar für sich vernünftig denken, aber die korrekte Äußerung seiner Gedanken ebenso wie die richtige Interpretation der Wahrnehmung können von seinem erkrankten Gehirn nicht mehr bewältigt werden.[27] Es wäre allerdings möglich, daß langandauernde Kommunikationsprobleme (die als solche empfunden werden) u. U. auch Rückwirkungen auf den echten psychischen Zustand haben.

Ein Beispiel für eine echte Psychopathie wäre das astrale Phänomen der Earthbound Spirits. Zu Lebzeiten jedoch läßt sich die Frage nach der Art einer geistigen Behinderung normalerweise nicht mit Sicherheit entscheiden.

262 Was ist ein Tulpa?

Tulpa ist ein tibetisches Wort und bezeichnet ein geistähnliches Wesen von sehr eingeschränktem Bewußtsein und Willen. Es heißt, daß Tulpas von Geistern, aber auch von manchen lebenden Menschen, erzeugt werden können, und fortan ein gewisses Eigenleben entwickeln. Handelt es sich um eine bewußte Erzeugung, so kann dabei ein Tulpa von jeder beliebigen gewünschten Gestalt entstehen. Unbewußt kreierte Tulpas ähneln vielfach den Personen, denen sie entstammen, und werden durch starke Emotionen ausgelöst. Tulpas, die beim Tod eines Menschen entstehen, werden mitunter auch Astralhüllen genannt. Da Gespenster häufig als Selbstmörder oder Mordopfer identifiziert werden, kann vermutet werden, daß es sich bei ihnen um Tulpas handelt, die unbewußt durch Verzweiflung oder Schock bewirkt wurden. Auch religiöse Figuren (Götter, Teufel, Dämonen, Engel etc.) können bedingt durch Wünsche, Erwartungen und Ängste unbewußt erschaffen werden.

263 Kann man Tulpas auch wieder vernichten?

Möglicherweise. Es gibt einige Erlebnisberichte, die darauf

hinzudeuten scheinen (z. B. A. David-Neel), während andere Quellen diese Möglichkeit verneinen. Übereinstimmung herrscht jedoch darüber, daß es sehr schwierig sein dürfte.

264 Wie kann man Tulpas und Geister voneinander unterscheiden?

Meist gar nicht. Nur durch ausgedehnte nicht-triviale Kommunikation läßt sich entscheiden, ob man es mit einer vollwertigen Persönlichkeit zu tun hat. Ist das nicht der Fall, so kann es sich aber immer noch um einen echten Geist handeln, der sich (momentan oder längerfristig) in einem Zustand geistiger Verwirrung befindet.

265 Was ist eine Geisterschlacht?

Es wird mitunter berichtet, daß sich historische Schlachtszenen später auf irgendeine sichtbare Weise vor vielen Zusehern wiederholen. Denkbare Erklärungen dafür sind retrokognitive Massenhalluzinationen oder Tulpa-Phänomene. Ein bekannter Fall dieser Art ereignete sich einige Tage nach der Schlacht von Edghill (1642) in England. Eine königliche Untersuchungskommission soll das (tagelang anhaltende) Schauspiel in der Luft beobachtet, und sogar einige Personen erkannt haben.

266 Was ist ein Wraith?

Wraiths sind Gespenster lebender Menschen. Sie lassen sich als Tulpas interpretieren, oder auch als Astralkörper auf einer bewußten oder unbewußten Exkursion.

267 Hat das christliche „Fegefeuer" eine esoterische Bedeutung?

Möglicherweise. Die Vorstellung ähnelt in mancher Hinsicht der Existenzbedingung der Earthbound Spirits. In beiden Fällen handelt es sich um einen vorübergehenden unerfreulichen Zustand, der durch den Prozeß einer psychischen Genesung (im religiösen Sprachgebrauch „Läuterung" genannt) beendet wird. Es ist aber ebensogut denkbar, daß das Fegefeuer frei erfunden wurde, und die Übereinstimmungen nur zufälliger Art sind.

268 Was versteht man unter „abmelden"?

Mitunter treten paranormale Phänomene gleichzeitig mit dem Tod eines nahestehenden Menschen auf, z. B. bleiben Uhren stehen oder zerbrechen Gegenstände. Inwieweit diese Erscheinungen direkt vom Sterbenden oder indirekt über den anwesenden Beobachter bewirkt werden, ist strittig.

269 Was versteht man unter Périspirit?

Damit ist der Astralkörper gemeint. Man verwendet diesen Ausdruck um zu betonen, daß es sich bei diesem um eine Art Übergangsschicht zwischen dem materiellen Körper und dem eigentlich geistigen Selbst (etwa im Sinne des Bewußtseins) handelt.

270 Was ist das Bardo Thödöl?

Das ist die eigentliche Bezeichnung für das sogenannte Tibetische Totenbuch. Bardo ist die Bezeichnung für die astrale Existenz zwischen den Inkarnationen. Das Bardo Thödöl ist eine bedeutende Quelle esoterischer Erfahrungen, die jedoch vielfach im Sinne des Mahayana-Buddhismus interpretiert bzw. verfälscht wurden. Das Buch wurde 1927 erstmals von W. Y. Evans-Wentz ins Englische übersetzt.

271 Was sind Totenbett-Visionen?

Es kommt häufig vor, daß Sterbende kurz vor ihrem Tod noch berichten, daß sie tote Verwandte und Freunde neben sich sehen.[28] Darunter befinden sich mitunter auch solche, von denen der Patient fälschlich der Meinung war, sie seien noch am Leben. Offensichtlich haben sich nahestehende diskarnierte Geister eingefunden, um den Sterbenden in seiner neuen Umwelt zu empfangen, wobei dieser jedoch eine Zeitlang eine Übergangsstellung zwischen der materiellen und der astralen Welt einnimmt, so daß er seine Wahrnehmungen noch beschreiben kann. Esoterischen Quellen zufolge sollen diese Geister jedoch nur zum Teil echt sein, manche von ihnen sind Fremde, die die Gestalt eines Bekannten annehmen, um dem Sterbenden den Übertritt zu erleichtern. In seltenen Fällen sollen sogar noch Lebende auftreten, die gerade schlafen und sich auf einer Astralexkursion befinden. Diese dürften sich jedoch in einem anderen als dem normalen Wachbewußtsein befinden, so daß bei ihnen am Morgen i. a. keine Erinnerung daran zurückbleibt.

272 Was ist ein Sterbedrama?

In den meisten Religionen wird eine bestimmte postmortale Szene behauptet (z. B. die Überfahrt über den Fluß Styx, ein Urteilsspruch etc.). Strenggläubige Personen können diese Ereignisse dermaßen sicher erwarten, daß sie sie nach ihrem Tod halluzinieren. Nach allgemeiner Überzeugung aller Quellen ist aber die Struktur der astralen Welt, in der das geschieht, so beschaffen, daß Gedanken, Wünsche und andere psychische Ursachen reale Geschehnisse unmittelbar bewirken. Dadurch wird die Unterscheidung von Halluzination und Wirklichkeit oft sinnlos. Mitunter wird ein solches Sterbedrama auch von anderen astralen Personen bewirkt, die darin dann auftreten, um dem Sterbenden den Übergang zu erleichtern, bis er erkennt, daß es lediglich Trugbilder seiner eigenen religiösen Erziehung sind.

273 Gibt es auch langfristige religiöse Sterbedramen?

In manchen Fällen dauert es lange, bis es einem diskarnierten Geist gelingt, seine religiösen Vorurteile über Bord zu werfen. Er befindet sich dann z. B. in einem „Himmel" oder einer „Hölle", die so ausgestattet sind, wie er es erwartet. Es heißt, daß Höllen-Insassen im Durchschnitt schneller bereit sind umzudenken, weil sie entgegen ihren ursprünglichen Überzeugungen doch stets auch auf ein Ende der Qualen hoffen. Der „Himmel" läßt sich meist durch das unangenehme Gefühl extremer Langeweile beseitigen.

274 Welche astralen Lebensformen sind für weniger religiöse Verstorbene typisch?

Die dabei gemachten Erfahrungen sind in hohem Maße individuell. Wenn man von den Earthbound Spirits als pathologischer Erscheinung absieht, können zahllose verschiedene Umweltformen gewählt bzw. erzeugt werden, die zumeist von mehreren (oft sogar vielen) Personen gleichzeitig bevölkert werden. Die Verständigung erfolgt dabei auf eine telepathieähnliche Weise, so daß sprachliche Barrieren unwirksam werden. Meist werden Formen gewählt, die mit den von der irdischen Welt her vertrauten gewisse Ähnlichkeiten haben (z. B. astrale Städte, Berufe etc.). Der Sinn dieser Einrichtungen besteht darin, bestimmte irdische Gewohnheiten, Denkweisen und Wünsche abzureagieren, die für ein fortgeschritteneres Entwicklungsstadium hinderlich sind. Die Aufenthaltsdauer des Individuums darin ist entsprechend unterschiedlich, und hängt davon ab, in welchem Maße es solchen äußeren Dingen verhaftet ist. (Die Intervalle liegen zwischen gar nicht und vielen Jahrhunderten.) Es ist dies auch die normale Existenzweise, in der künftige Reinkarnationen geplant werden. Manchmal ist es möglich, durch Astralexkursionen diese Umwelt zu erfahren. R. A. Monroe nennt das den Schauplatz II, nach der Einteilung von Myers handelt es sich um die Ebene III (Plane of Illusion).

275 Wie beschrieb Myers in der Kreuzkorrespondenz das Jenseits?

Die Kreuzkorrespondenz lieferte Berichte, die offensichtlich von F. W. H. Myers stammten und in denen folgende Einteilung getroffen wird:

I. Die irdische materielle Existenz.

II. Die Welt unmittelbar nach dem Tod (poetisch „Hades" genannt). Es handelt sich dabei um eine normalerweise kurze Übergangsphase.

III. Die typische astrale Existenzform zwischen den Inkarnationen („Plane of Illusion"). Auf dieser Ebene wird die Umwelt direkt durch Gedanken und Wünsche gestaltet, und der Aufenthalt eines diskarnierten Menschen darin kann Jahrhunderte dauern.

IV. Von dieser Ebene (poetisch „Eidos") sandte Myers nach eigenen Angaben seine Berichte. Es ist dies die nächste Stufe nach Beendigung des Reinkarnationszyklus, und sie ist vor allem durch intensiveres Bewußtsein und gesteigerte psychische Fähigkeiten charakterisiert.

+ Noch höhere Existenzformen (Myers zählte bis VII) waren ihm selbst nicht direkt erfahrbar, und ihre Eigenschaften überdies nicht leicht mit Worten zu beschreiben. Interessant ist jedoch, daß seine vagen Aussagen über Geister der

Ebene VI („Plane of Light") deutliche Ähnlichkeiten mit jenem personifizierten Licht aufweisen, das oft mit Sterbenden Kontakt aufnimmt (z. B. bei Moody oder im Tibetanischen Totenbuch).

276 Wer ist Raymond Moody?

Raymond A. Moody ist der Autor des Buches „Life after Life", in dem er die Berichte von Personen auswertete, die einige Zeit klinisch tot waren und dann wiederbelebt wurden. Das sogenannte Moody-Phänomen besteht darin, daß zwischen den Erlebnisberichten dieser Menschen auffallende Übereinstimmungen bestehen, und sie überdies nahtlos in das Gefüge traditioneller esoterischer Aussagen über Astralexkursionen passen. Moody vermutet, daß es einen Mechanismus gibt, der beim Tod den Astralkörper freisetzt, und der mitunter schon verfrüht aktiviert wird. (Seine Zusammenfassung der typischen Erlebniselemente ist im Appendix II enthalten.) In einem Fortsetzungsbuch („Reflections on Life after Life") sind außerdem noch Erlebnisse zitiert, die Hinweise auf Earthbound Spirits, die Akasha-Chronik und städtische astrale Lebensformen (entsprechend Myers' Ebene III) enthalten.

277 Was ist ein Supernatural Rescue?

Mit diesem Ausdruck bezeichnet Moody die Rettung eines Menschen aus einer Lebensgefahr durch Eingreifen eines Geistes. Das Phänomen wurde ihm von mehreren Personen berichtet.

278 Erwartet Selbstmörder ein anderes Schicksal als gewöhnliche Verstorbene?

Es gibt viele okkulte und esoterische Horrorgeschichten im Zusammenhang mit dem Selbstmord, die zum größten Teil wahrscheinlich auf das im Christentum (und anderen Religionen) herrschende Verbot des Selbstmordes zurückgehen. Eine andere Quelle sind vermutlich Spukerscheinungen, die mitunter im Anschluß an solche Handlungen auftreten und durch Verzweiflung oder andere starke Emotionen ausgelöst werden können (etwa indem Earthbound Spirits oder Tulpas entstehen). Auch Moody schreibt, daß von ihm interviewte Selbstmörder, die später wieder gerettet wurden, durchwegs unerfreuliche postmortale Erlebnisse berichten. Es ist jedoch fraglich, ob diese wenigen Hinweise eine Verallgemeinerung rechtfertigen. Esoterische Quellen stimmen allerdings darin überein, daß Selbstmord grundsätzlich nicht vorteilhaft ist, und man im Zweifelsfall besser daran tut, ihn zu vermeiden. Oft ist der Selbstmordanlaß ein vor Antritt der Inkarnation geplantes Problem, dessen Bewältigung für die psychische Weiterentwicklung wesentlich ist. Entzieht man sich dieser Erfahrung, so muß das Versäumte eben später in irgend einer Form nachgeholt werden.

279 Wo befindet sich diese astrale Jenseitswelt?

Unsere gewohnten Raumvorstellungen bieten für das Verständnis dieser Dinge keine nennenswerte Hilfe. Am ehesten läßt sich noch denken, daß alle astralen und überhaupt alle Welten, die es gibt, denselben Raum einnehmen, wie unser Universum. Manche Modelle sprechen von Schwingungen, auf denen alle Dinge beruhen, und die für jede dieser Welten eine andere Frequenz haben. Für ein genaueres Verständnis ist jedoch unser heutiges wissenschaftliches Weltbild überfordert.

280 Gibt es Sexualität im astralen Bereich?

Der esoterischen Tradition nach ja. Es heißt sogar, daß Sexualität etwas primär astrales ist, das den sexuellen Erlebnisgehalt entsprechender physischer Aktivitäten erst ermöglicht. Astrale Sexualität wird meist in einer Weise beschrieben, die an elektrostatische Anziehung ungleichnamiger Pole mit folgendem intensiven Ladungsaustausch erinnert. Sie ist von den äußeren Eigenschaften der Astralkörper (z. B. Gestalt) völlig unabhängig und wird von einem vollständigen Durchdringen beider begleitet. Die (psychische) Bedeutung dieses berichteten Phänomens ist unbekannt.

281 Was ist Besessenheit?

Besessenheit bezeichnet das Phänomen, daß ein Geist sich vorübergehend mit einem Körper verbindet, der bis dahin im „Besitz" eines anderes Geistes war. Dabei wird der ursprüngliche Inhaber vollständig oder teilweise verdrängt. In der klinischen Psychologie wird dieser Ausdruck verwendet, um ein Krankheitsbild zu beschreiben, das der paranormalen Besessenheit ähnelt, auch wenn es andere Ursachen hat (z. B. Persönlichkeitsspaltungen).

282 Was war das Watseka-Wunder?

Unter diesem Namen ging der berühmteste Fall von Besessenheit in die Geschichte der Parapsychologie ein. In Watseka (Illinois, USA) wurde 1877 ein Mädchen namens Mary Lurancy Vennum nach eigenen Angaben von Geistern befallen, anfangs von verschiedenen, später immer häufiger von dem der 1865 im Alter von 19 Jahren in Watseka verstorbenen geisteskranken Mary Roff. Schließlich nahm dieser Geist überhand, und das Mädchen lebte von Februar bis Mai 1878 bei der Familie Roff. In dieser Zeit betrachtete sie sich als die zurückgekehrte Mary Roff, an deren Vergangenheit sie sich erinnerte (im Gegensatz zur körperlichen Vergangenheit als Lurancy Vennum). Am 21. Mai verabschiedete sich Mary Roff und Lurancy Vennum setzte ihr eigenes Leben fort.

283 Was ist Exorzismus?

Eine religiöse Handlung, bei der ein (angeblich) Besessener von dem in ihm vermuteten Teufel befreit wird. Da nach christlicher Vorstellung jeder Nichtchrist irgendwie vom Teufel befallen ist, stellt die Taufe ebenfalls eine Form des Exorzismus dar.

284 Was ist ein Dämon?

Im heutigen religiösen Sprachgebrauch ist ein Dämon ein böser Geist. Die frühen Christen benutzten dieses Wort als Schimpfnamen für die heidnischen Götter, an deren Existenz sie ebenfalls glaubten. Im Mittelalter wurden Dämonen vor allem als Urheber von Besessenheitsphänomenen angesehen. Außerhalb der Religionen hat dieser Begriff keine Bedeutung.

285 Was war der Fall Thompson-Gifford?

Im Jahre 1905, kurz nach dem Tod des amerikanischen Malers Robert Swaine Gifford, begann der Goldschmied Frederic L. Thompson plötzlich im Stil dieses (ihm kaum bekannten) Mannes zu malen. Auch die Motive (meist Landschaften) waren, wie sich später zeigen ließ, Gifford, nicht aber Thompson selbst bekannt gewesen.

286 Was ist Reinkarnation?

Das ist die Wiedergeburt, also das Phänomen, daß der durch den Tod freigewordene Astralkörper eines Menschen (oder Tieres) zu einem späteren Zeitpunkt einen neuen physischen Körper erhält, indem er sich mit einem Embryo verbindet. Die Vorstellung der Reinkarnation[29] ist mit Ausnahme von Judentum[30], Christentum[31] und Islam in den meisten Religionen verbreitet, und erfreut sich auch in der Parapsychologie zunehmender Anerkennung der nichtanimistischen Gelehrten.

287 Was ist Präexistenz?

Präexistenz ist die Existenz der individuellen menschlichen Psyche vor der Empfängnis, analog zu ihrem Weiterbestehen nach dem Tod. Ein Beispiel für Präexistenz ist eine frühere Inkarnation. Die Vorstellung der Präexistenz wird jedoch auch außerhalb der Reinkarnationslehre vertreten.

288 Wie wahrscheinlich ist die Reinkarnation?

Etwa so wahrscheinlich, wie die These, daß die menschliche Psyche den Tod des Körpers überlebt. Geht man von dieser Vorstellung aus, so ist die Reinkarnation in sehr hohem Maße wahrscheinlich. Die für sie sprechenden Argumente sind so stark, daß (neben religiösen Vorurteilen) fast nur die grundsätzliche Skepsis bezüglich des Weiterlebens nach dem Tod ihre Anerkennung verhindern kann.[32]

289 Welche Argumente sprechen für die Reinkarnation?

Die bisher bedeutendsten parapsychologischen Felduntersuchungen zu diesem Thema unternahm Ian Stevenson. Er berichtete darüber u. a. in seinem Buch „Twenty Cases Suggestive of Reincarnation". Daneben gibt es noch eine Fülle von weiterem Material, beispielsweise aus hypnotischen Rückerinnerungs-Experimenten. Schließlich ist noch zu erwähnen, daß die Reinkarnation vorzüglich geeignet ist, verschiedene philosophische Fragenkomplexe einer befriedigenden Lösung näherzubringen.

290 Kann die Rückerinnerung an ein anderes Leben auch ohne Reinkarnation erklärt werden?

Prinzipiell ja, denn direkt beobachtet wird ja nur das Auftreten paranormaler Informationen, die auch der gewöhnlichen außersinnlichen Wahrnehmung entstammen könnten. Die historische Person, an die sich eine Versuchsperson zu erinnern glaubt, muß ja nicht wirklich mit ihr identisch sein. Allerdings wird damit nicht erklärt, weshalb eine so intensive Identifizierung mit einer bestimmten Person vorgenommen wird, warum mehrere erinnerte Inkarnationen sich nie überlappen, und warum nicht verschiedene Versuchspersonen Erinnerungen an dieselbe Inkarnation berichten. Zudem ist bemerkenswert, daß bei den besser überprüften Fällen so gut wie nie Erinnerungen an berühmte historische Persönlichkeiten auftreten. Die Reinkarnation gehört zu jenen Phänomenen, bei denen der konsequente Animismus am augenfälligsten versagt.

291 Wie werden die Reinkarnationsfälle in der klassischen Wissenschaft erklärt?

Meist werden sie gar nicht zur Kenntnis genommen. Wenn doch, so führt man sie auf Kryptomnesie zurück. Darunter versteht man die Theorie, daß alle dabei auftretenden Informationen im gegenwärtigen Leben erworben, aber danach wieder vergessen wurden. Sie bleiben jedoch im Unterbewußtsein gespeichert und können u. a. durch Hypnose wieder hervorgeholt werden. Diese Erklärung wirkt allerdings noch konstruierter und unbefriedigender, als die animistische. Außerdem ist wissenschaftlich auch die Kryptomnesie in einem derartigen Ausmaß sehr umstritten.[33]

292 Wie glaubwürdig sind hypnotische Rückerinnerungen, die sich nicht nachprüfen lassen?

Damit sollte man sehr vorsichtig sein, denn es ist ohne Überprüfung fast unmöglich zu sagen, wieviele (und welche) Einzelheiten einer erinnerten Inkarnation lediglich der gegenwärtigen unbewußten Phantasie entstammen. Es kann auch alles von Anfang bis Ende völlig illusorisch sein. Parapsychologischen Wert haben solche Erinnerungen nur in großen Mengen für statistische Untersuchungen.

293 Wie funktioniert die Erinnerung?

Nach herkömmlicher Vorstellung handelt es sich um elektrische bzw. chemische Speichervorgänge in den Gehirnzellen, was jedoch wissenschaftlich noch nicht ausreichend erforscht ist. Darüber hinaus muß es eine geistige bzw. astrale Erinnerung geben, die die Zerstörung des Gehirns beim Tod überdauert, und deren Wirkungsweise restlos unbekannt ist. Es wäre übrigens denkbar, daß die Gehirnzellen gar nicht der primäre Erinnerungsspeicher sind, sondern mehr dazu dienen, eine Informationsbrücke zum Astralkörper aufrechtzuerhalten, in dem die Erinnerung hauptsächlich verankert ist.

294 Treten auch Erinnerungen an früher gesprochene fremde Sprachen auf?

Allerdings. Das Ausmaß der Erinnerung ist aber sehr unterschiedlich. Es wird übrigens vermutet, daß eine in einem früheren Leben bekannte Sprache im jetzigen infolge unbewußter Erinnerungen leichter erlernt wird.

295 Was ist Xenoglossie?

Das ist die Fähigkeit, eine nicht erlernte Sprache zu sprechen. Ian Stevenson vermutet, daß es sich dabei durchwegs um solche Sprachen handelt, die in einem früheren Leben beherrscht wurden.

296 Welche Argumente für die Reinkarnation ergeben sich aus Hypnoseexperimenten?

Hypnotische Erinnerungsverstärkung (Hypermnesie) und Age-Regression können Informationen über frühere Inkarnationen (= Leben) zutage fördern, die sich historisch belegen lassen. Läßt sich zeigen, daß die hypnotisierte Versuchsperson diese Informationen nur auf paranormalem Weg erhalten haben kann, so ist das ein Hinweis auf das Vorliegen von Reinkarnation. Das gleiche Prinzip kann natürlich auch auf spontane Rückerinnerungen angewandt werden.

297 Was ist Age-Regression?

Darunter versteht man eine Methode der hypnotischen Altersrückversetzung. Der Versuchsperson wird ein jüngeres Lebensalter suggeriert, und ihre Reaktionen und Äußerungen werden ausgewertet. Dieses Phänomen gilt als unbestritten. In diesem Zustand kann der Hypnotisierte auf Anhieb zahlreiche längst vergessene Informationen angeben (beispielsweise den Wochentag des 7. Geburtstags). Im Gegensatz zu einer bloßen Rückerinnerung zeigt die Versuchsperson bei einer echten Age-Regression auch das dazu passende physiologische Verhalten. So etwa stellt sich der für Babies typische Babinski-Reflex ein (d. h. wenn die Fußsohlen gekitzelt werden, krümmen sie sich nicht wie beim Erwachsenen, sondern werden gestreckt), obwohl dieser Effekt kaum jemandem bekannt ist.[34] Auch hypnotische Regressionen in die Zeit vor der Geburt sind wissenschaftlich bereits einigermaßen anerkannt, nicht jedoch solche in eine Zeit vor der Empfängnis.

298 Ist die Erinnerung das einzige, was zwei Inkarnationen miteinander verbindet?

Nein. Es können auch Verhaltensweisen auftreten, die mit früheren Inkarnationen im Zusammenhang stehen. Es gibt Fälle, in denen Menschen aus unerklärlichen Gründen bestimmte Dinge meiden, von denen sich unter Hypnose herausstellt, daß sie beim letzten Mal zu ihrem Tod geführt haben (etwa ein bestimmtes Getränk, das damals vergiftet war). Außerdem gibt es mitunter auch Birthmarks, also angeborene Hautanomalien (Muttermäler, Leberflecken, etc.), die mit früheren Verletzungen konform gehen. Offensichtlich blieb ein entsprechendes Trauma über die diskarnierte Zeit zwischen den Leben hinweg erhalten, und hat später die Entwicklung des Embryos beeinflußt.

299 Was sind Déjà-vu Erlebnisse?

Es kommt mitunter vor, daß jemand an einem erstmals betretenen Ort das Gefühl hat, dort schon einmal gewesen zu sein. Neben anderen normalen und paranormalen Ursachen scheinen diese Erlebnisse nicht selten durch Erinnerungen an eine frühere Inkarnation bewirkt zu werden. Die in solchen Fällen meist gut erhaltene Örtlichkeit bildet dann spontan eine Assoziationsbrücke zu den Begebenheiten, die sich früher dort abspielten.

300 Sind sogenannte Wunderkinder ein Hinweis auf die Reinkarnation?

Wunderkinder sind Menschen, die im frühem Alter ungewöhnliche Talente entwickeln (beispielsweise für Musik, Schachspielen etc.). Mitunter fällt es schwer, sich vorzustellen, daß sie ihre Fähigkeiten in den wenigen Jahren seit ihrer Geburt erlernt haben sollen. Der Gedanke, daß dabei Erinnerungen an frühere Inkarnationen wirksam werden, ist natürlich naheliegend, ob es sich tatsächlich so verhält, allerdings schwer zu entscheiden.

301 Zu welchem Zeitpunkt beginnt eine Inkarnation?

Das dürfte individuell sehr verschieden sein. Es heißt, daß manche Menschen sich bereits vor ihrer (geplanten) Empfängnis häufig in der Nähe ihrer künftigen Eltern aufhalten, während andere erst kurz vor der Geburt eine erste Verbindung mit dem Embryo eingehen. In jedem Fall dauert es auch nach der Geburt noch Wochen oder Monate, bis der Inkarnierungsvorgang abgeschlossen ist und sich das Bewußtsein von der astralen Zwischenexistenz völlig abgekehrt hat.

Sehr alte und insbesondere senile Menschen haben angeblich einen ähnlich fließenden Diskarnierungsprozeß vor ihrem eigentlichen Tod.

302 Wie lang sind die Zwischenzeiten zwischen den Inkarnationen?

Dafür gibt es keine allgemeine Regel. Typisch sind Intervalle zwischen einigen Jahren und mehreren Jahrzehnten. Menschen, die jung eines gewaltsamen Todes gestorben sind, neigen meist eher zu kürzeren Zwischenzeiten.

303 Kommt es vor, daß nahestehende Personen schon in einem früheren Leben bekannt waren?

Das scheint sogar eher der Normalfall zu sein, denn die meisten Berichte enthalten Hinweise auf persönliche Kontakte, die sich über mehrere (manchmal sogar über viele) Inkarnationen hinweg erhalten haben. Dabei können auch Unterbrechungen von einem oder mehreren Leben auftreten. Zumeist verändert sich dabei das Rollenspiel, z. B. kann ein Ehepartner das nächste Mal als Onkel oder als Arbeitskollege auftreten.

304 Kann man sich seine Inkarnationen selbst aussuchen?

Diese Frage wird durchwegs bejaht, wobei jedoch bei Tieren und primitiven Persönlichkeiten die Wahl eine mehr unbewußte Angelegenheit ist, der keine besonderen Überlegungen zugrunde liegen. Es gibt aber offenbar eine biologische Obergrenze, denn genetisch hochentwickelte Arten bzw. Organismen erfordern i. a. auch einen entsprechend entwickelten Geist. Die meisten Menschen führen angeblich ein Leben, das im Hinblick auf die damit beabsichtigte psychische Entwicklung vorher in groben Zügen geplant und mit anderen, am gleichen Gesamtplan Beteiligten, besprochen wurde. Die mit einer Inkarnation verfolgten Ziele sind jedoch i. a. während des Lebens nicht bewußt. (Dieses Unwissen ist angeblich beabsichtigt, seine Funktion jedoch nicht recht klar.)[35]

305 Kann man in der nächsten Inkarnation das Geschlecht wechseln?

Ja, das scheint kein Problem zu sein. Allerdings gibt es viele Menschen, die für ein bestimmtes Geschlecht eine besondere Vorliebe aufweisen, und daher bevorzugt dieses wählen.

306 Kann es sein, daß man als Tier wiedergeboren wird?

Das dürfte eher nicht möglich sein. Zumindest sind keine glaubhaften Fälle dieser Art bekannt. Es wäre auch denkbar, daß es zwar prinzipiell möglich, aber nicht von Vorteil ist, sodaß es in der Praxis nicht oder fast nicht vorkommt. Die Ansicht, jemand könnte als Strafe zu einem Leben als Tier „verurteilt" werden, wird (außer von Angehörigen bestimmter Religionen) kaum ernsthaft vertreten.

307 Was bedeutet Animus und Anima?

Damit sind die männlichen und weiblichen Komponenten in der Psyche des jeweils anderen Geschlechts gemeint. Die Bezeichnung stammt von C. G. Jung. Sie lassen sich als unbewußte Erinnerungen an frühere Inkarnationen anderen Geschlechts deuten.

308 Wer war Bridey Murphy?

Bridey (= Bridget) Kathleen Murphy ist der Mädchenname einer (historisch nicht sicher nachgewiesenen) Irin, die 1798 in

Cork geboren wurde und 1866 in Belfast starb. Vorher hatte sie durch Heirat den Namen MacCarthey erworben. Der berühmte Fall Bridey Murphy, der in den 50er Jahren großes Aufsehen erregte, bestand darin, daß der Geschäftsmann Morey Bernstein aus Colorado (USA) eine Versuchsperson hypnotisierte, die sich (unerwarteterweise) an ein früheres Leben als diese Bridey Murphy erinnerte. Es handelt sich um die Indianerin Virginia Tighe, die in Bernstein's Buch „The Search for Bridey Murphy" das Pseudonym Ruth Simmons (geb. Mills) trägt. Viele ihrer Angaben über das Leben in Irland im 19. Jahrhundert ließen sich verifizieren. Eine sehr erfolgreiche Pressekampagne der Zeitschrift „American" gegen die (in anderen Blättern) publizierte Bridey-Murphy-Story bewirkte, daß der Fall lange Zeit geradezu als Beispiel für vergessene Kindheitserlebnisse einer hypnotisierten Versuchsperson als Ursache einer vermeintlichen früheren Inkarnation galt. Bei nüchterner Betrachtung dürfte die Reinkarnation immer noch die wahrscheinlichste Erklärung sein.[36]

309 Wer ist Shanti Devi?
Shanti Devi (*1926) steht im Mittelpunkt eines der berühmtesten Reinkarnationsfälle Indiens. Sie erinnerte sich an ein früheres Leben an einem anderen Ort Indiens (Muttra), wo sie Lugdi hieß und 1902 geboren wurde. Sie heiratete damals einen Händler namens Kedar Nath, gebar ihm einen Sohn und starb daraufhin. Viele ihrer Angaben ließen sich durch Nachforschungen überprüfen, und sie war anläßlich eines späteren Besuchs in Muttra in der Lage, ihre ehemaligen Verwandten wiederzuerkennen.

310 Was war der Fall Imad Elawar?
Im Alter von 1½ Jahren begann Imad Elawar aus dem libanesischen Dorf Kornayel von seinem früheren Leben in dem 40 Straßenkilometer entfernten Dorf Khriby zu erzählen. Dabei erwähnte er oft einen tödlichen Lastwagenunfall, der sich 1943 ereignet hatte, weshalb seine Verwandten alle seine Berichte auf den damals ums Leben gekommenen Said Bouhamzy bezogen. Als Stevenson den Fall untersuchte, stellte sich heraus, daß nicht Said, sondern Ibrahim Bouhamzy gemeint war, der Zeuge

dieses Unfalls war, selbst aber erst sechs Jahre später starb. Daß der erste Besuch Imads in Khriby erst im Beisein Ian Stevensons erfolgte, der ihn beobachten konnte, als er verschiedene Personen und Gegenstände wiedererkannte, macht diesen Fall zu einem der am besten dokumentierten.

Weniger gut ließ sich die Behauptung eines Sleimann Bouhamzy aus Syrien nachprüfen, der überzeugt ist, in seinem früheren Leben Said Bouhamzy gewesen zu sein.

311 Sind Fälle bekannt geworden, in denen Erinnerungen an ein früheres Leben als Verbrecher auftraten?

Ja. Beispielsweise der von Stevenson untersuchte Fall Wijeratne. Ein ceylonesischer Bub dieses Namens erinnerte sich an ein Vorleben als sein Onkel Ratran Hami, der 1927 während der Hochzeitszeremonie seine Frau Podi Menike erstach, weil sie sich weigerte, zu ihm zu ziehen. Der Mörder wurde im darauffolgenden Jahr zum Tode verurteilt und gehängt. In seinem gegenwärtigen Leben ist Wijeratne verkrüppelt, was er selbst als (freiwillige?) Bestrafung für seine Tat interpretiert.

312 Gab es schon Fälle, in denen ein Mordopfer in der nächsten Inkarnation seinen Mörder wiedererkannte?

Stevenson untersuchte einen solchen Fall in Indien. 1951 wurde ein sechsjähriger Bub namens Munna von zwei Männern getötet, die seinen Hals durchschnitten. Die (bald darauf verhafteten) Mörder waren anfangs geständig, widerriefen aber dann und wurden mangels an Beweisen wieder freigelassen. Ein halbes Jahr nach dem Mord wurde Ravi Shankar geboren, der sich an das Leben und Sterben Munnas erinnerte. Er wußte noch die Namen seiner Mörder, und als er einen von ihnen zufällig auf der Straße traf, äußerte er Furcht und den Wunsch nach Rache. Die Bemühungen seines Vaters, den Prozeß neu aufzurollen, schlugen jedoch fehl. Ravi Shankar hatte auch ein Muttermal am Hals, das einer verheilten Schnittwunde ähnlich sah.

313 Was waren die beiden Lorenz-Fälle?

Es handelt sich dabei um zwei von Stevenson in Süd-Brasilien untersuchte Reinkarnationsfälle, die sich beide in derselben

Familie zutrugen. 1917 starb die damals 28jährige Maria J. de Oliveira an Tuberkulose, die sie selbst aus Liebeskummer in selbstmörderischer Absicht herbeigeführt hatte. Zehn Monate später wurde Marta Lorenz geboren, die sich gut an ihre frühere Existenz als Maria („Sinha") erinnerte. Ihre jüngere Schwester Emilia verübte 1921 Selbstmord durch Gift, und wurde allem Anschein nach zwei Jahren später als ihr eigener Bruder Paulo wiedergeboren. Paulo Lorenz, der sich als Kind nur schwer mit seinem männlichen Geschlecht abfinden konnte, wurde von Stevenson noch ausführlich untersucht, bevor er sich 1966 selbst verbrannte.

314 Wer ist Jane Evans?

Jane Evans ist das Pseudonym einer Engländerin (*1939), die sich unter Hypnose (als Versuchsperson des berühmten Hypnotiseurs Arnall Bloxham) an sechs frühere Inkarnationen erinnert, wobei etliche Details historisch nachprüfbar waren. Die erinnerten Vorleben waren folgende:
1. eine Römerin in Britannien (3. Jh.);
2. eine Jüdin, die 1190 in York ermordet wurde;
3. eine Bedienstete von Jacques Coeur in Bourges (Frankreich), die 1451 Selbstmord beging;
4. eine Bedienstete der Infantin Katharina von Aragonien, die vermutlich Anfang des 16. Jh. in England starb;
5. eine Näherin in London (17./18. Jh.);
6. eine Nonne in Maryland (USA), die um 1920 starb.

Berühmt wurde ihr Tod als Jüdin, denn sie erinnerte sich als Schauplatz an die Krypta einer Kirche, die nicht die Kathedrale war. Zur Zeit ihres Berichtes war aber (abgesehen von der Kathedrale) keine weitere Krypta in York bekannt. Ihre Existenz wurde erst Jahre später durch eine Ausgrabung entdeckt.

315 Was war der Fall Aggie?

Graham Huxtable, eine Versuchsperson Arnall Bloxhams zeigte unter Hypnose lebhafte Erinnerungen an ein Leben als Matrose auf einem „Aggie" genannten englischen Schiff, auf dem ihm im Kampf gegen die Franzosen ein Bein weggeschossen wurde. Das Ereignis dürfte etwa zur Zeit der Napoleonischen Kriege (frühes 19. Jh.) stattgefunden haben.

316 Was ist eine Gruppenreinkarnation?

Damit bezeichnet man das gemeinsame Auftreten einer größeren Anzahl von Menschen in verschiedenen Inkarnationen. Das können Familien, Nachbarn, Sekten sowie angeblich auch ganze Nationen sein.

317 Was war der bekannteste Fall von Gruppenreinkarnation?

Am berühmtesten ist der Fall der Katharer, einer mittelalterlichen Sekte, die von der katholischen Inquisition in Südfrankreich ausgerottet wurde. In unserem Jahrhundert fand Arthur Guirdham im Südwesten Englands eine Gruppe von Personen (der er selbst angehört), die sich an Details ihrer früheren Leben als Katharer erinnern oder in solchen Erinnerungen vorkommen.

318 Was ist Austauschreinkarnation?

Darunter versteht man die Reinkarnation eines Verstorbenen in den Körper einer anderen Person, die dadurch bleibend aus ihm verdrängt wird. Der bekannteste Fall dieser Art ereignete sich 1954 und wurde von Ian Stevenson untersucht. Der Brahmane Sobha Ram starb durch einen Unfall während einer Hochzeitsprozession. Einige Wochen danach erholte sich der 3½ Jahre alte Jasbir von einer Pockenerkrankung, in deren Verlauf er bereits für tot gehalten wurde. Nach seiner Genesung erfuhr Jasbir eine völlige Persönlichkeitsveränderung im Sinne Sobha Rams, an dessen Leben er sich erinnerte. Die Identifizierung ging soweit, daß er sich lange weigerte, andere als die für Brahmanen vorgeschriebenen Speisen zu essen. Was aus dem ursprünglichen Jasbir wurde, ist nicht bekannt.[37]

319 Geht der Zyklus der Reinkarnationen ewig weiter?

Es gibt zwar keine bestimmte Zahl als Obergrenze, aber es herrscht allgemein Übereinstimmung dahingehend, daß nur eine endliche Anzahl von Inkarnationen notwendig sind, um jene Entwicklung zu vollenden, die damit beabsichtigt war. Wieviele das sind, dürfte sehr von der jeweiligen Person abhängen.

320 Was ist das Nirwana?

Nach buddhistischer Vorstellung ist damit der erstrebte Zustand der Vollendung nach Abschluß der letzten Inkarnation gemeint. Reiferen esoterischen Quellen zufolge ist damit jedoch kein Endzustand erreicht, sondern der Entwicklungsprozeß der Psyche tritt lediglich in ein neues Stadium.

321 Sind die Inkarnationen in einer materiellen Welt notwendig?

Sie sind nicht streng notwendig, aber sehr hilfreich. Aus diesem Grund werden sie angeblich von fast allen gewählt.

322 Läßt sich die Entwicklung der Psyche als linearer Aufstieg verstehen?

Nein. Weder in der Abfolge der Reinkarnationen noch in irgend einer anderen Phase der Entwicklung ist ein lineares Modell angebracht, denn es existiert eine Fülle simultaner Entfaltungsprozesse, die einander in unterschiedlicher Weise gegenseitig beeinflussen. Am ehesten paßt noch der manchmal verwendete Ausdruck „multidimensional". Außerdem ist zu bedenken, daß eine lineare Entwicklung eine ebensolche Zeit vorausgesetzt. Es hat jedoch den Anschein, daß die physikalische Zeit eine wesentlich komplexere Struktur besitzt, als bisher angenommen wurde, und außerdem ist sie für Vorgänge außerhalb unseres Raum-Zeit-Kontinuums (= Universums), also für alle rein psychischen Prozesse, ohne Bedeutung. Es soll einen höheren Standpunkt geben, von dem aus alles Geschehen und Erleben in gewissem Sinne gleichzeitig stattfindet.

323 Ist irgendeine Art von Hilfe durch fortgeschrittene Geister zu erwarten?

Das wird in esoterischen Quellen allgemein versichert. Zumeist handelt es sich dabei um Personen, die den Zyklus ihrer Reinkarnationen bereits abgeschlossen haben. Anderen zu helfen ist dann eine wichtige Erfahrung für ihre eigene Weiterentwicklung. Diese Geister versuchen, Neulinge über die Realität aufzuklären, Reinkarnationen mitzuplanen und seelische Störungen zu heilen bzw. zu verhindern. Sie haben jedoch nicht auf alle Hilfebedürftigen gleich starken (oder überhaupt nennenswerten) Einfluß.

324 Was ist Psychotomie?

Psychotomie ist die Abspaltung einer Teilstruktur der Psyche als selbständiges Individuum. Dabei behält die ursprüngliche (Primär-) Psyche die Auswirkungen (z. B. Erinnerungen) dieses ehemaligen Teils, seine Weiterentwicklung wird von ihr jedoch nicht mehr als eigene erfahren. Individuelle Psychen dürften an keinem Punkt ihrer Entwicklung eine monolithisch einheitliche Struktur haben, sondern stets ein komplexes Gefüge von Teilaspekten darstellen (wofür schon die Existenz vieler Bewußtseinsschichten einer Person spricht). Da außerdem, wie es heißt, die abgespaltene (Sekundär-) Psychen auch weiterhin noch besondere seelische Bindungen zur ursprünglichen unterhalten, ist die Psychotomie nicht als destruktiver, sondern als bereichernder, schöpferischer Akt zu verstehen.

325 Was ist Psychokoaleszenz?

Psychokoaleszenz ist eine (selbst in esoterischem Kontext) hypothetische Verschmelzung individueller Psychen zu einer gemeinsamen. Es handelt sich dabei allerdings nicht um eine Zerstörung („Einschmelzung") der einzelnen Individuen, sondern um eine Bereicherung und gemeinsame Weiterentwicklung in Richtung auf eine geplante Zielstruktur, die es erlaubt, zusammen mit den anderen in eine höhere psychische Existenzform integriert zu werden. Dabei würde jede Einzelpsyche diesen Endzustand als kontinuierliche Fortsetzung ihrer früheren Individualität erleben. Einer Theorie zufolge ist Psychokoaleszenz eine wichtige Methode, mittels derer Tiere im Laufe der Reinkarnationen von niederen auf höhere Arten überwechseln können.

326 Wie entsteht eine Psyche?

Dafür soll es verschiedene Ursachen geben. Letztlich geht jede Psyche auf einen (bewußten oder unbewußten) schöpferischen Akt einer anderen Psyche zurück. Menschliche Psychen z. B. können früher solche von Tieren oder Tulpas gewesen oder psychotomisch entstanden sein. Es heißt, daß das Spektrum unterschiedlich entwickelter Bewußtseinsformen auch im Bereich sehr primitiver Strukturen einen außerordentlichen Reichtum aufweist, und daß kein Objekt existiert, oder existieren könnte, dem nicht irgend eine Art von Bewußtsein zukäme (also auch tote Gegenstände, wie Sterne, Atome, Elementarteilchen etc.). Jede psychische Struktur ist ihrem Wesen nach fähig und bestrebt, sich zu entfalten und weiterzuentwickeln.

327 Was ist die wichtigste Eigenschaft der Psyche?

Es heißt, eine Psyche ist in erster Linie eine Instanz spontanen, schöpferischen Handelns. Aus ihrer Fähigkeit dazu läßt sich der Entwicklungsgrad derselben ersehen. Man könnte sagen, die gesamte Entwicklung verfolge den Zweck, diesen wichtigsten Aspekt der Psyche immer stärker zur Geltung zu bringen. Unser geläufiger Begriff der schöpferischen Spontaneität ist allerdings nur bedingt geeignet, den hier gemeinten zu erfassen, denn die esoterische Bedeutung schließt auch noch weitere Begriffe wie z. B. Liebe und Weisheit mit ein.

328 Findet der Prozeß der psychischen Entwicklung jemals einen Abschluß?

Nein. Der bloße Begriff eines statischen Endzustandes („Vollendung") widerspricht schon dem schöpferisch-dynamischen Grundprinzip der (letztlich psychischen) Wirklichkeit. Sollte es einen Gott geben, so müßte auch dieser noch entwicklungsfähig sein.

329 Was ist nach esoterischer Vorstellung der Sinn des Universums?

Das Universum ist psychisch bedingt. Es stellt eine (gezielt erzeugte) Kollektivhalluzination dar, die für alle daran Teilnehmenden eine hohe Suggestivkraft besitzt. Sein Zweck besteht darin, ein Betätigungsfeld für Inkarnationen abzugeben, mit Eigenschaften, die für die Weiterentwicklung der Psyche innerhalb einer bestimmten Phase besonders geeignet sind. Angeblich durchzieht die Struktur des Universums viele verschiedene Welten, sodaß z. B. auch scheinbar tote Planeten bevölkert sein können, obwohl wir ihre Bewohner nicht wahrnehmen, weil sie aus einer anderen Art von Materie bestehen. (Damit sind jedoch keine astralen, sondern durchaus physische Existenzformen gemeint.)

330 Kann es eine Entwicklung geben, wo es keine Zeit gibt?

Definiert man Zeit als das einer Veränderung (z. B. Entwicklung) zugrundeliegende Ordnungsprinzip, so gibt es letztlich nichts Zeitloses. Der Begriff einer Existenzform außerhalb der Zeitlichkeit soll lediglich betonen, daß keine nennenswerten Ähnlichkeiten mit unserem gewohnten Zeitbegriff vorliegen. Beispielsweise die klassische Dreiteilung der zeitlichen Gesamtheit in Vergangenheit, Gegenwart und Zukunft ist ein für viele esoterische Betrachtungen ungeeignetes Modell.

331 Können verschiedene Teilaspekte der Psyche gleichzeitig verschiedene Inkarnationen eingehen?

Angeblich ist das möglich, jedoch nicht üblich. In diesem Fall würde jedoch das normale Wachbewußtsein nichts von dieser psychischen Identität wissen.

332 Was sind „Wahrscheinlichkeitssysteme"?

Es gibt esoterische Vorstellungen, wonach nicht nur tatsächliche Geschehnisse, sondern auch alle jene, die statt diesen hätten eintreten können, ein gewisses Maß an Realität besitzen. Sie können auch Wirkungen auf die (materielle) Zukunft ausüben. Das Ausmaß der ihnen zukommenden Wirklichkeit (und somit auch Wirksamkeit) hängt davon ab, wie stark die jeweiligen Alternativen emotional geladen (also z. B. gewünscht oder befürchtet) waren bzw. sind. Diese somit psychisch bedingte Realität anderer (bloß „wahrscheinlich" gewesener) Ereignisse läßt sich jedoch nachträglich noch beeinflussen, indem später eine emotionale Umwertung stattfindet. Damit lassen sich auch die Auswirkungen dieser „wahrscheinlichen Vergangenheiten" auf die Gegenwart korrigieren. Seth (von dem dieses Konzept im Wesentlichen stammt) behauptet, daß von einem höheren Standpunkt aus die Unterscheidung zwischen der tatsächlichen Welt und den das Wahrscheinlichkeitssystem bildenden alternativen Welten, sinnlos wird.

333 Was ist Karma?

Das ist ein ursprünglich religiöser Begriff mit dem die automatische Belohnung oder Bestrafung guter bzw. böser Taten eines Menschen gemeint ist. Das soll entweder noch in diesem oder erst in einem späteren Leben wirksam werden, und es gilt als unmöglich, ihm zu entrinnen. Geistig höherstehende esoterische Quellen leugnen diesen Determinismus durchwegs, verwenden jedoch oft das Wort Karma zur Charakterisierung der Tatsache, daß alle Handlungen, Gedanken und Wünsche eines Menschen auf dessen Psyche zurückwirken und solcherart ihre Entwicklung beeinflussen.

334 Was ist ein Religionsdrama?

Einer esoterischen Theorie zufolge sind die meisten wichtigen Religionen von fortgeschrittenen Geistern gegründet worden, wobei der Gründungsmodus eine vorher geplante Inszenierung war. Es heißt, daß z. B. das Christus-Drama von einem Geist gespielt wurde, der sowohl als Jesus als auch als Johannes der Täufer und als Paulus inkarnierte, und auch die 12 Aposteln sollen Fragmente seiner Persönlichkeit gewesen sein. Das ganze Stück verfolgte die Absicht, die spirituelle Entwicklung der Menschheit in einer bestimmten Weise zu beeinflussen. Verschiedene Mängel in der Planung und Ausführung ließen das Projekt jedoch weitgehend zu einem Fehlschlag werden. Auch anderen Religionsdramen erging es nicht viel besser. Der Nutzen der Religionen beschränkt sich im wesentlichen darauf, den Menschen verschiedene, über die materielle Welt hinausgehende, Fragestellungen näherzubringen. Man sollte allerdings den gegebenen Antworten nicht zuviel Wert beimessen.

335 Gibt es prinzipielle Unterschiede zwischen Mensch und Tier?

Sicher nicht. Zoologische, psychologische, soziologische und parapsychologische Untersuchungen weisen eindeutig darauf hin, daß die geläufige Einteilung der Tiere in eigentliche Tiere einerseits, und Menschen anderseits, unwissenschaftlich ist. Diese Unterscheidung ist vermutlich dadurch entstanden, daß alle jene Lebewesen, die entwicklungsgeschichtlich zwischen dem Menschen und seinen nächsten Verwandten stehen, bereits ausgestorben sind, und überdies ihre ehemalige Siedlungsdichte so gering war, daß heute kaum einschlägige Knochenfunde gemacht werden. Wäre diese Übergangsfauna noch jetzt reichlich vorhanden, so könnte man die gleichen fließenden Übergänge beobachten, wie etwa zwischen Kindern und Erwachsenen. Auch esoterische Berichte fügen sich nahtlos in dieses Kontinuitätsmodell: alles, was über Astralkörper, Reinkarnation etc. gesagt wird, gilt sinngemäß für alle (insbesondere höheren) Lebewesen. Wohl gibt es graduelle Unterschiede infolge verschieden weit fortgeschrittener Bewußtseinsentfaltung, diese jedoch bestehen auch zwischen verschieden hochstehenden Menschen.

336 Ist nicht die esoterische Lehre auch eine Art Religion?

Nein. Die Esoterik wurde weder gegründet, noch wird sie von einer Kirche oder sonst irgend einer Organisation getragen, und sie beruft sich auch nicht auf eine bestimmte Offenbarung. Zudem gibt es keine esoterische Dogmatik, und die esoterischen „Lehren" bzw. Aussagen werden nicht alle von sämtlichen esoterischen Quellen vertreten, so daß unterschiedlichen Auffassungen und Spekulationen ein breiter Raum geboten wird. Der harte Kern der Esoterik (z. B. der Astralkörper, Reinkarnation etc.) ist das kollektive Ergebnis von Erfahrungen, die durch Jahrtausende immer wieder von sensitiven Menschen gemacht wurden. Es kommt auch gar nicht darauf an, esoterische Aussagen zu glauben, sondern sich mit ihnen vertraut zu machen, um auf diese Weise existierende paranormale Effekte (und vielleicht auch eigene Erfahrungen) besser zu verstehen.

337 Wie sinnvoll sind die Begriffe „Gut" und „Böse"?

Von einem höheren Standpunkt aus sind beide sinnlos. In unserem irdischen Kontext sollte man sie nur mit Vorsicht verwenden. Es heißt, daß der Haß auf das Böse (ebenso wie jeder Haß) psychische Auswirkungen hat, die gerade das Auftreten jener Dinge begünstigt, die wir als „böse" zusammenfassen.

2. Kapitel:
Magie

338 Was ist Magie?
Für dieses Wort gibt es unzählige Definitionen. Im Folgenden soll darunter jedes System paranormaler Handlungen oder Erkenntnisprozesse verstanden werden, das nichts mit Psi zu tun hat.

339 Was ist Weiße bzw. Schwarze Magie?
Das ist eine moralische Einteilung magischer Praktiken, je nachdem ob sie als gut oder böse bewertet werden.

340 Was ist Zauberei?
Vielfach wird zwischen Magie und Zauberei kein Unterschied gemacht. Wenn doch, so bezeichnet Zauberei die volkstümliche, sogenannte niedere Magie.

341 Wer war Eliphas Lévi?
Lévi (eigentlich hieß er Alphonse Louis Constant) war ein Theoretiker der Magie im vorigen Jahrhundert. Er formulierte drei Grundgesetze, die das Wesen magischer Vorgänge erklären sollen:

- Das Gesetz der Willenskraft. Seiner Meinung nach entströmt jedem Menschen eine Art übernatürliche Substanz oder Kraft, die er mit dem Willen gleichsetzt. Die Aufgabe magischer Riten und Symbole ist es, diese Willensausstrahlung zu verstärken.

- Die Existenz des sogenannten „Astralen Lichts". Gemeint ist damit eine alles durchdringende Substanz, die das Universum ausfüllt, und die Fernwirkungen (z. B. PK) ermöglicht.

- Das Korrespondenzprinzip. Es besagt, daß zwischen der Welt und dem Menschen magische Entsprechungen existieren, so daß die Manipulation bzw. Kenntnis des einen Wirkungen bzw. Rückschlüsse auf das andere zuläßt.

342 Was ist Evokation und Invokation?

Evokation ist die magische Einflußnahme auf den Menschen durch Manipulation der Außenwelt (z. B. die Erlangung von Kraft durch rituelles Töten eines großen Tieres), Invokation das Gegenteil (z. B. das Aufsagen eines Zauberspruchs zur Herbeiführung von Regen).

343 Was ist Defixion?

Defixion ist ein Spezialfall der Invokation, nämlich die magisch-rituelle Erzeugung von Unheil für einen anderen Menschen (z. B. mittels Analogiezauber). Sind derartige Maßnahmen wirksam, so ist jedoch oft auch Psychokinese eine denkbare Erklärung. Bei magiegläubigen Zielpersonen, die davon (u. U. telepathisch) wissen, kann auch ein autosuggestiver „Tabu-Tod" eintreten.

344 Was ist Analogiezauber?

Darunter versteht man magische Handlungen, bei denen das gemeinte Objekt durch ein anderes ersetzt wird, das dem eigentlichen ähnlich ist (z. B. ein Abbild) oder mit ihm in irgend einem Zusammenhang steht (etwa ein Kleidungsstück einer Person). Große Bedeutung hatte der Analogiezauber als Jagdzauber in der Steinzeit. Zu diesem Zweck wurden in Höhlen Wandzeichnungen von Beutetieren angefertigt, die z. T. heute noch erhalten sind. Auch Demonstranten, die Darstellungen mißliebiger Politiker verbrennen, verrichten einen Analogiezauber, allerdings meist ohne sich dessen bewußt zu sein.

345 Was sind Hilfsgeister?

Das sind Geister, deren Niveau im Bereich zwischen Tier und Mensch liegt. Der Ausdruck wird nur im Rahmen der Magie verwendet, und spiegelt die Vorstellung wieder, man könnte sich diese Geister durch rituelle Handlungen für bestimmte Ziele dienstbar machen. Manchmal werden auch höherstehende Geister als Hilfsgeister bezeichnet, wenn sie sich solcherart beschwören lassen.

346 Was sind Elementargeister?

Angeblich gibt es Geister, deren Entwicklungsgrad unterhalb desjenigen der Menschen liegt, und die die Gewohnheit haben, sich mit irgendwelchen landschaftlichen Details (Bäumen, Quellen etc.) zu verbinden. Diese Vorstellung ist in Magie und Religion recht verbreitet, in der Parapsychologie finden sich jedoch kaum Hinweise darauf.

347 Was ist Mantik?

Mantik ist eine zusammenfassende Bezeichnung für alle Arten von Wahrsagerei, die sich magischer Praktiken bedienen. Es handelt sich also um den Versuch, paranormale Erkenntnisse zu gewinnen, indem traditionell festgelegte Regeln auf bestimmte Beobachtungen angewandt werden. Allfällige Erfolge dürften (neben Zufall, Betrug und anderen normalen Ursachen) nicht selten durch ASW bedingt sein, denn nicht immer sind die Regeln (bzw. ihre Befolgung) absolut strikt, so daß die Psyche des Mantikers einen gewissen Einfluß auf die Ergebnisse erhält. Um eine alternative Erklärung bemüht sich die Theorie der Synchronizität.

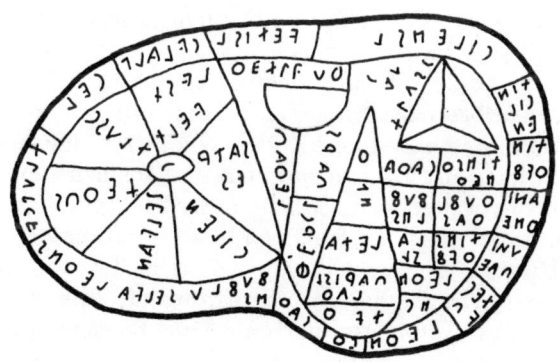

Bronzeleber von Piacenza mit hepatoskopischen Erläuterungen zur Unterweisung angehender Wahrsager. Die etruskischen Inschriften sind lesbar, ihre Sprache aber noch nicht entziffert.

Zu den wichtigsten Erscheinungsformen der Mantik gehören u. a.:

- Chiromantie: die Deutung der menschlichen Handlinien
- Phrenologie: die Deutung der menschlichen Schädelformen

- Kartomantie: die Deutung der Zufallsfolge beim Aufschlagen von (Wahrsage-)Karten
- Astrologie: die Deutung der Stellung beweglicher Himmelskörper
- Bibliomantie: die Deutung einer zufällig aufgeschlagenen Textstelle (insbesondere in der Bibel)
- Metoposkopie: die Deutung der menschlichen Stirnfalten
- Kybomantie: die Deutung der Ergebnisse von Würfelspielen
- Plumbomantie: das „Bleigießen"
- Ornithomantie: die Deutung des Vogelfluges
- Hepatoskopie: die antike Leberschau.[38]

348 Was ist Synchronizität?

Diesen Begriff prägte der Psychologe Carl Gustav Jung. Er versteht darunter ein akausales Ordnungsprinzip in der Natur, d. h. also unerklärliche Sinn-Zusammenhänge zwischen physikalisch unabhängigen Ereignissen. Betrachten wir etwa folgendes Beispiel: jemand liest in einem Roman einen seltsamen Familiennamen, dem er noch nie zuvor begegnet ist. Wenige Minuten später führt er ein Telephonat, verwählt sich, und am anderen Ende der Leitung meldet sich ein Unbekannter mit genau demselben Familiennamen. Die Theorie der Synchronizität besagt nun, daß seltsame Zufälle von dieser (und z. T. noch viel skurrilerer) Art häufiger auftreten, als nach den Gesetzen der Statistik zu erwarten wäre. Sollte das der Fall sein, so würde das bedeuten, daß magische Praktiken (etwa im Sinne der Mantik) unter Umständen sinnvoll sein könnten. Der gegenwärtige wissenschaftliche Status der Synchronizität (die mit einem Ausdruck Paul Kammerers auch als Serialität bezeichnet wird) ist allerdings noch hypothetisch.

349 Was ist Astrologie?

Astrologie ist der Versuch, aus der Stellung der Gestirne paranormale Informationen zu gewinnen. Zumeist geht es darum, zukünftige Ereignisse (oder Tendenzen zu solchen) aus der Position der „astrologischen Planeten" zu einem Zeitpunkt abzulesen, dem für die betrachtete Zukunft besondere Signifikanz beigemessen wird. Typische derartige Zeitpunkte sind etwa die Geburt (für das Leben eines Menschen oder Tieres), die Hochzeit (für die Dauer der Ehe), sowie Jahresbeginn, Staats- und Firmengründungen etc.

350 Was sind astrologische Planeten?
Das sind jene Himmelskörper, die ihre Position rasch ändern, und die mit freiem Auge sichtbar sind. Dazu gehören die tatsächlichen Planeten Merkur, Venus, Mars, Jupiter und Saturn, sowie Sonne und Mond.

351 Was ist ein Horoskop?
Ein Horoskop ist eine vereinfachte graphische Darstellung der Positionen der astrologischen Planeten zu einem bestimmten Zeitpunkt und von einem bestimmten Ort der Erdoberfläche aus gesehen. Der Ort beeinflußt die Stellung des Achsenkreuzes relativ zu den Planeten, denn links befindet sich stets der sogenannte Aszendent, also der Schnittpunkt des östlichen Horizonts mit der Ekliptik (= der Kreis der jährlichen scheinbaren Bewegung der Sonne).

352 Was sind Aspekte?
Das sind bestimmte Winkel, die in einem Horoskop zwischen den Planeten auftreten können (z. B. Konjunktion = 0°, Quadratur = 90°, Opposition = 180° etc.). Sie haben großen Einfluß auf das Ergebnis einer astrologischen Prophezeiung. Den Aspekten wird ein Spielraum von einigen Grad eingeräumt, so daß sie nicht exakt einzutreten brauchen.

353 Was ist ein Sonnenzeichen-Horoskop?
Das ist eine astrologische Prophezeiung aufgrund einer extrem vereinfachten Himmelsbeobachtung. Dabei wird nur betrachtet, in welchem Tierkreiszeichen die Sonne steht, die anderen astrologischen Planeten und der Aszendent fallen weg. Obwohl die meisten Menschen, die sich selbst als ernsthafte Astrologen bezeichnen, dieser verstümmelten Form mit Ablehnung gegenüberstehen, handelt es sich dennoch um die weitaus häufigste Art astrologischer Aussagen. Auch alle Zeitungshoroskope sind von diesem Typ.

354 Was sind Tierkreiszeichen?

Die scheinbare jährliche Bahn der Sonne (die Ekliptik) wird in 12 gleichlange Abschnitte von je 30° unterteilt, die dieselbe Bezeichnung tragen, wie jene Sternbilder, in deren Nähe sie sich befinden (bzw. befanden, als die Festlegung erfolgte). Die Reihe beginnt mit dem Zeichen Widder, dessen Beginn der Frühlingspunkt ist (= Ort der Sonne zu Frühlingsbeginn). Aus astronomischen Gründen entfernen sich die Tierkreiszeichen immer weiter von ihren zugehörigen Sternbildern (es dauert ca. 26 000 Jahre, bis beide wieder zusammenpassen). Interessant ist, daß zwischen Skorpion und Schütze noch ein 13. (von den Astrologen ignoriertes) Sternbild liegt, der „Schlangenträger".

355 Wie beurteilt die Wissenschaft die Astrologie?

Das Urteil schwankt zwischen „höchst zweifelhaft" und „absoluter Unsinn". Das liegt weniger daran, daß Zusammenhänge zwischen den Gestirnen und (scheinbar) zufälligen Zukunftsereignissen gänzlich undenkbar wären, denn auch die Wirkungsweise der Psi-Phänomene ist restlos unverständlich, ohne deshalb die Parapsychologie dermaßen in Mißkredit zu bringen. Stärker ist schon das Argument, daß die behaupteten Entsprechungen historisch nicht sosehr auf Beobachtungen beruhen, sondern auf naiven vorwissenschaftlichen Überlegungen, die längst überholt sind. Am schwersten aber trifft die Astrologie die Tatsache, daß die faktische Richtigkeit ihrer Aussagen einer wissenschaftlichen Überprüfung nicht standhält.

356 Gibt es auch wissenschaftliche Untersuchungen, die für die Astrologie sprechen?

Es gibt vereinzelt statistische Arbeiten, die unbekannte Zusammenhänge zwischen astrologischen und biographischen Daten aufzuzeigen versuchen. Am bekanntesten sind die diesbezüglichen Forschungen des französischen Astrologen Michel Gauquelin, der zwar (auch das ist nicht unbestritten) positive Resultate erhielt, jedoch zumeist völlig andere, als die astrologische Tradition lehrt.

357 Welche Argumente führen die Astrologen für ihre Kunst ins Treffen?

Unter den Astrologen gibt es im wesentlichen 2 Richtungen. Die physikalsiche Schule glaubt an irgend welche „Strahlen" als Ursachen für planetare Einflüsse auf den Menschen, während andere behaupten, daß nicht Einflüsse, sondern Analogien vorlägen (also allgemeine Zyklen oder Prinzipien, die sowohl in den Sternen, als auch im Menschen zum Tragen kommen). Am seriösesten ist noch die kleine Gruppe derer, die sich ausschließlich auf praktische Erfolge berufen, ohne sich mit Schein-Erklärungen abzugeben. Allerdings sind auch selbst eindrucksvolle Erfolge ohne genaue wissenschaftliche Kontrollen ziemlich wertlos.

358 Weshalb ist die Zahl 7 so berühmt?

Die letzte Ursache ist wohl darin zu sehen, daß es sieben astrologische Planeten gibt. Wird jedem abwechselnd ein Tag zugeordnet, so erhält man die siebentägige Woche. Diese Einrichtung der babylonischen Religion (die Planeten waren ja Götter) wurde später von den Juden übernommen, die deren heidnischen Ursprung vergaßen und statt dessen den Mythos von der Erschaffung der Welt in sieben Tagen schufen, mit dem noch heute die Bibel der Christen beginnt (Genesis 1,1–2,3). Die Heiligkeit des 7. Tages (Sabbat = Samstag) übertrug sich auch auf die Zahl sieben selbst. Die alten Zusammenhänge erkennt man noch aus den Wörtern Sonntag (Sonne), Montag (Mond) oder Samstag (Saturn, engl. „Saturday").

359 Was ist Divination?

Dieses in der Antike übliche Wort bedeutet paranormale Informationsgewinnung, entweder durch ASW (natürliche Divination) oder durch mantische Praktiken (technische Divination).

360 Was ist ein Orakel?

Orakel sind Dinge, Institutionen oder Individuen, die offiziell als Quelle paranormaler Informationen gelten. Das dabei angewandte Verfahren ist meist eine Mischung aus ASW und Mantik. Das bekannteste Orakel der Geschichte war jenes von Delphi.

361 Was ist das I Ching?

Das I Ching oder I Ging (chinesisch = „Buch der Wandlungen")
ist das berühmteste Orakelbuch. Es behandelt die Beziehung
von Hexagrammen (bestehend aus sechs teils ganzen, teils
gebrochenen Linien) zu den verschiedenen Aspekten des per-
sönlichen und gesellschaftlichen Lebens und die verborgenen
Zusammenhänge („Wandlungen") zwischen diesen. Um das
Orakel zu befragen werden 49 Schafgarbenstengel in zwei
Haufen geteilt und durchgezählt, wobei die sich dabei ergeben-
den Zahlen nach bestimmten Regeln zum Einstieg in das Buch
benützt werden. Philosophisch ist bedeutsam, daß das I Ching
keine strengen Vorhersagen macht, sondern dem, der es befragt,
einen weiten Handlungsspielraum beläßt.

362 Was ist Numerologie?

Die korrekte (aber ungebräuchliche) Bezeichnung müßte eigentlich Numeromantie heißen. Gemeint ist eine magische Beschäftigung mit Zahlen, hinter denen geheimnisvolle Informationen
vermutet werden. Viele Zahlen haben traditionelle Bedeutung
(z. B. die Zahl 13, die als Glücks- oder auch als Unglückszahl
betrachtet wird, oder 666, die mit dem biblischen „Antichrist"
im Zusammenhang stehen soll). Häufig werden Worte oder
ganze Sätze in Zahlen verwandelt, indem die den einzelnen
Buchstaben zugeordneten aufsummiert werden. Diese Zuordnung kann etwa der Reihungswert im Alphabet oder die Deutung als römisches Zahlzeichen sein.

363 Was ist Nekromantie?

Bei der Nekromantie (Totenbeschwörung) handelt es sich um
einen Grenzfall zwischen Spiritismus und Mantik. Dabei wird
versucht, durch verschiedene magische Rituale (u. U. an der
Leiche) den Geist eines Toten zu kontaktieren, und dessen
Äußerungen als Wahrsagungen zu interpretieren.

364 Was ist Alchimie?

Alchimie ist eine Sammelbezeichnung für die Anwendung
chemischer Verfahren zu magischen Zwecken. In den meisten
Fällen wurde versucht, Elemente ineinander umzuwandeln, um
(z. B. aus Quecksilber) Gold zu erzeugen. Dabei sollte der

sogenannte „Stein der Weisen" von Nutzen sein, dem viele wunderbare Eigenschaften nachgesagt wurden, und dessen Herstellung jahrhundertelang (wohl vergeblich) versucht wurde.[40] Allfällige geglückte Umwandlungen („Transmutationen") beruhen vielleicht auf Psychokinese, deren Einfluß auf chemische Reaktionen heute als Parachemie bezeichnet wird.

365 Was ist ein Adept?

Adepten sind Menschen, die irgendwelche okkulte oder esoterische Ziele erreicht haben (beispielsweise die Herstellung des „Steins der Weisen"). Mitunter versteht man darunter auch bloß Eingeweihte in einer Geheimlehre.

366 Was ist Homöopathie?

Dieses von Samuel Hahnemann begründete und außerhalb der klassischen Schulmedizin stehende Heilverfahren besteht darin, dem Patienten sehr kleine Mengen jener Substanzen zuzuführen, die in höherer Dosierung gerade die zu heilende Krankheit verursachen würden. Die (in manchen Fällen ziemlich gut gesicherte) Wirkung der Homöopathie ist wissenschaftlich ungeklärt. Das gilt in besonderem Maße für die Verwendung extremer Hochpotenzen. Damit sind so starke Verdünnungen gemeint, daß das Medikament wahrscheinlich nicht einmal mehr ein einziges Atom des gelösten Wirkstoffes enthält.

367 Was ist Akupunktur?

Diese in China entstandene Heilmethode besteht im Einstechen von Metallnadeln in die Haut des Patienten an ganz bestimmten Punkten, die für seine jeweiligen Beschwerden charakteristisch sind (aber örtlich weit entfernt liegen können). Die für Zwecke der Akupunktur verwendeten Punkte sind nicht gleichförmig verteilt, sondern liegen auf Linien, die Meridiane genannt werden. Diese haben jedoch keine bekannten anatomischen Entsprechungen. Die (oft eindrucksvollen) Erfolge der Akupunktur sind heute unbestritten, der ihr zugrundeliegende Mechanismus jedoch medizinisch unverständlich.

368 Was ist Irisdiagnostik?

So bezeichnet man eine Methode, Krankheiten und Krankheitsveranlagungen aus sichtbaren Details der Iris (= Regenbogenhaut des Auges) abzulesen. Das Verfahren ist medizinisch nicht anerkannt, und sein angeblicher diagnostischer Wert umstritten.

369 Was ist eine Hexe?

Im allgemeinen Sprachgebrauch ist eine Hexe eine Person (meist weiblichen Geschlechts), die (angeblich) über paranormale Fähigkeiten oder Kenntnisse magischer Praktiken verfügt, und deren Lebensstil oder (vermutete) Absichten von der Gesellschaft, in der sie lebt, abgelehnt werden. Im jüdisch-christlichen Kulturkreis galt vielfach schon die bloße Existenz des Paranormalen als Anlaß zu Verfolgungen („Die Zauberinnen sollst du nicht am Leben lassen", 2. Moses 22,7). Gemäß einer verbreiteten Vorstellung waren alle Hexen Mitglieder einer geheimen Verbindung, die vom Satan geführt wurde, der ihnen ihre übernatürlichen Kräfte verlieh. In den meisten Fällen waren die der Hexerei bezichtigten Personen allerdings nicht paranormal begabt und natürlich auch nicht mit dem Teufel im Bunde, sondern wurden aus Dummheit, Angst oder Geldgier verfolgt.[41] Es ist bis heute umstritten, ob es jemals in der europäischen Geschichte ein organisiertes Hexenwesen gegeben hat, oder ob alle derartigen Behauptungen auf Erfindungen der Inquisition zurückgehen. Nach Ansicht der Ägyptologin Margaret Murray ist das Hexenwesen eine seit vorchristlichen Zeiten bestehende heidnische Religion. Diese in den 20er Jahren geäußerte Theorie bewirkte zwar die Entstehung verschiedener moderner Hexenkulte, die sich auf diese alte Tradition berufen, sie dürfte aber nach heutigen Erkenntnissen nicht den Tatsachen entsprechen. Eher ist anzunehmen, daß das mittelalterliche Hexenbild eine psychopathische Auswirkung des Christentums war, als dessen Gegenpol es durchwegs verstanden wurde. Auch die den Hexen allgemein nachgesagte sexuelle Unmäßigkeit fügt sich nahtlos in dieses Modell.

370 Warum wurden vor allem Frauen als Hexen betrachtet?

Der Hexenkult galt in jeder Hinsicht als Gegenteil des Christentums. Betrachtete sich dieses als heilbringend, so waren die Hexen böse, beteten die Christen zu Gott, so verehrten die Hexen den Teufel („Satanskult"), und da ein echter Christ normalerweise als männlich empfunden wurde (Frauen gelten z. T. heute noch als zu unrein für das Amt eines Priesters), so waren echte Hexen natürlich weiblich. Daß Hexen aber alte, häßliche Frauen sind, ist nur Folklore, und nicht offiziell behauptet worden.[42]

371 Wer oder was ist mit dem Wort Satan gemeint?

Das in vielen Religionen beliebte polare Denken in Gegensätzen prägt auch das Christentum stark. In Kontrast zu dem guten Gott und seinen Engeln wurde ein böser Gott, Satan, mit den ihm unterstellten Teufeln dazuerfunden. Er galt früher auch als Urheber der meisten parapsychologischen Phänomene.

372 Was bedeuten Incubus und Succubus?

Mittelalterliche Theologen nahmen an, daß Teufel oder Dämonen mit Menschen Geschlechtsverkehr haben könnten (z. B. in materialisierter Form). Die von ihnen dabei angenommene Gestalt heißt Incubus im männlichen bzw. Succubus im weiblichen Fall. Incubi galten als wesentlich häufiger, was man mit der stärkeren Lüsternheit der Frauen erklärte. Die Vorstellung dürfte wohl auf erotische Träume zurückgehen.

373 Was ist Lykantropie?

Darunter versteht man die angebliche Fähigkeit eines Menschen, sich in einen Wolf zu verwandeln, was insbesondere den Hexen nachgesagt wurde. Ein derartiger Wolf heißt Werwolf. Es ist nicht anzunehmen, daß dieser Vorstellung ein reales Phänomen zugrundeliegt.

374 Was sind Berserker?

In der skandinavischen Mythologie entsprechen die Berserker den Werwölfen. Es sind also Menschen, die zeitweilig in Gestalt von Bären auftreten. Heute bezeichnet dieses Wort sehr starke und wilde Männer.

375 Was ist ein Vampir?

Ein Vampir ist die unverweste Leiche eines Verstorbenen, die tagsüber im Sarg ruht, jedoch nachts zum Leben erwacht. Vampire ernähren sich vom Blut Lebender, die durch den Biß eines Vampirs ebenfalls zu Vampiren werden. Die Vorstellung entstammt der slawischen Mythologie. Mit echten parapsychologischen Phänomenen dürfte kein Zusammenhang bestehen.

376 Wer ist Dracula?

Diesen Namen wählte der Schriftsteller Bram Stoker für den Helden seines gleichnamigen Horror-Romans (1897). Die Geschichte handelt vom Grafen Dracula, einem Vampir aus Transsylvanien (in Rumänien), der sich nach England begibt und dort sein Unwesen treibt. Der Name Dracula knüpft an den walachischen Fürsten Vlad IV., genannt Dragul (15. Jahrhundert) an, der für seine ungeheure Grausamkeit berüchtigt war. (Er ließ einen nicht unerheblichen Teil seiner Untertanen bei lebendigem Leib auf Pfählen aufspießen.)

377 Wer ist Frankenstein?

Ursprünglich war Dr. Frankenstein ein erfundener Schweizer Arzt in dem Roman „Frankenstein; or, The Modern Prometheus" (1818) von Mary W. Shelley (der zweiten Frau des bekannten Dichters Percy Bysshe Shelley). Frankenstein schuf aus Leichenteilen ein Monster, das ihn selbst schließlich tötete. Später ging der Name Frankenstein auf das Monster über.

378 Was ist ein Homunculus?

Ein Homunculus (wörtlich: Menschlein) ist ein künstlich hergestellter Mensch.[43] Er tritt mitunter in Sagen oder Romanen auf.

379 Was ist ein Golem?

In der jüdischen Mythologie bezeichnet man so einen belebten, aber der Sprache unfähigen künstlichen Menschen aus Lehm. Am bekanntesten ist jener, den Rabbi Löw im 16. Jahrhundert in Prag erschaffen haben soll. Es ist allerdings kaum anzunehmen, daß dem Begriff des Golem irgend eine reale Bedeutung zukommt.

380 Was ist der Glastonbury Zodiac?

Die englische Stadt Glastonbury (in der Grafschaft Somerset) steht im Zentrum mehrerer okkulter Betrachtungen. Unter anderem sollen in ihrer Umgebung große Bodenfiguren vom Flugzeug aus erkennbar sein, die die 12 Zeichen des Tierkreises (engl. = Zodiac) darstellen. Es gehört allerdings viel Phantasie dazu, um diese Bilder zu sehen. Außerdem werden sie z. T. von Straßen und Feldwegen begrenzt, die noch nicht sehr lange bestehen. Es kann also mit ziemlicher Sicherheit ausgeschlossen werden, daß es sich tatsächlich um echte archäologische Objekte handelt.

381 Was ist der Heilige Gral?

In einer Reihe mittelalterlicher Legenden ist der Gral ein steinernes Gefäß, von dem viele wunderbare Dinge behauptet werden. (Z. B. fiel er vom Himmel, das Blut des gekreuzigten Jesus wurde darin aufgefangen etc.) In manchen Erzählungen wird er auch mit der Stadt Glastonbury in Verbindung gebracht. Reale historische Bedeutung hat die (ursprünglich vermutlich keltisch-heidnische) Gralssage wohl kaum. Heute wird das klangvolle Wort Gral für verschiedene okkulte Zwecke verwendet, auch ohne Zusammenhang mit dem Inhalt der Sage.

382 Was ist ein Amulett?

Ein Amulett ist ein beliebiger Gegenstand, den man bei sich trägt, damit er auf magische Weise Unglück abwendet. Es wird jedoch meist angenommen, daß allfällige Erfolge auf den Glauben daran, und nicht auf den Gegenstand selbst zurückgehen. Demgegenüber hält die Theorie der Psi-Spuren einen direkten Einfluß für möglich. Amulette werden auch als Talismane bezeichnet.

383 Was ist das Blutwunder von San Gennaro?

Im Dom von Neapel befindet sich, eingeschlossen in ein durchsichtiges Gefäß, eine dunkle Substanz, die als Blut des Hl. Januarius (3./4. Jh.) verehrt wird. Berühmt wurde diese angebliche Reliquie dadurch, daß sie sich (vor allem an bestimmten Festtagen) verflüssigt. Ob dabei paranormale Komponenten beteiligt sind, ist unbekannt, weil die katholische Kirche bisher keine wissenschaftliche Untersuchung gestattete.

384 Was bedeuten Yin und Yang?

In der chinesischen Philosophie sind Yin und Yang die zwei einander ergänzenden Prinzipien des Universums. Dieses Modell wird auch in modernen okkulten Vorstellungen viel benutzt (z. B. in der Makrobiotik, einer japanischen Naturdiät). Wegen seiner Eindimensionalität ist es jedoch zur Darstellung komplexer Strukturen ungeeignet.

385 Was bedeutet Aberglaube?

Als Aberglauben bezeichnen religiöse Menschen jeden Glauben, der von ihrem eigenen abweicht. Insbesondere findet das Wort Anwendung auf solches Gedankengut, das im selben Kulturkreis auftritt und für ungebildete Bevölkerungsschichten charakteristisch ist. Oft handelt es sich dabei um Nachwirkungen älterer, schon verdrängter Religionen. Viele Materialisten werten alle Berichte über paranormale Phänomene als Aberglauben, was darauf hinweist, daß der Materialismus nicht (wie er selbst meint) wissenschaftlich ist, sondern vielmehr die Funktion einer Religion erfüllt.

3. Kapitel
Mathematik, Physik
und Kosmologie

386 Was ist eine imaginäre Zahl?

Eine Zahl, deren Quadrat negativ ist, heißt imaginär. (Das Wort kommt daher, daß solche Zahlen früher als bloße Phantasieprodukte betrachtet wurden, während die die gewöhnlichen, reellen Zahlen als real existent galten.) Die einfachste imaginäre Zahl heißt i, und es gilt $i^2 = -1$. Imaginäre Zahlen haben eine große Bedeutung in der Mathematik und der theoretischen Physik (z. B. kann die Zeit als imaginäre Länge aufgefaßt werden).[44]

387 Was bedeutet Aleph?

Aleph ist der erste Buchstabe des hebräischen Alphabets. Die Mathematiker verwenden diesen Ausdruck zur Bezeichnung von Zahlen, die größer sind, als unendlich. Die gewöhnliche Unendlichkeit (1, 2, 3, . . .) wird als Aleph-0 (null) genannt. Es läßt sich streng beweisen, daß z. B. die Anzahl der Zahlen zwischen 0 und 1 nicht ebenfalls bloß unendlich sind, sondern größer (Aleph-1). Die Aleph-Reihe läßt sich entsprechend fortsetzen.[45]

388 Was ist der Gödel'sche Beweis?

Kurt Gödel konnte 1931 zeigen, daß es grundsätzlich unmöglich ist, zu beweisen, daß die Mathematik keine inneren Widersprüche enthält. Damit beendete er eine lange Reihe von Versuchen, solche Beweise zu finden.[46]

Der Gödel'sche Satz ist von einzigartiger geistes- und wissenschaftsgeschichtlicher Bedeutung, denn er liefert erstmals einen unumstößlichen Beweis für etwas, das bis dahin nur als philosophische Spekulation existierte: die prinzipielle Beschränkung der wissenschaftlichen Erkenntnismöglichkeiten. Alle schon früher bekanntgewordenen „Unmöglichkeitsbeweise" waren entweder aus dem Bereich der empirischen Wissenschaft (z. B. das Perpetuum Mobile → 394) und deshalb nicht wirklich sicher, oder sie beruhten auf fehlerhaften Begriffsverknüpfungen. So etwa ist das Auffinden eines Verfahrens zur Dreiteilung eines beliebigen Winkels mit Zirkel und Lineal unmöglich, aber das ist nicht weiter sensationell, denn ein solches Verfahren kann gar nicht existieren, weil es versteckte innere Widersprüche enthält. Anders ausgedrückt – es hat gar keinen Sinn, von einem solchen Verfahren zu reden. Hingegen ist es durchaus sinnvoll, etwa von einem „Widerspruch in der Arithmetik" zu reden, der sich gegebenenfalls wohl auch nachweisen ließe. Lediglich sein Nichtvorhandensein zu beweisen ist unmöglich.

389 Was ist ein höherdimensionaler Raum?

Unser gewöhnlicher Raum hat drei Dimensionen, d. h. man kann in jedem Punkt drei gerade Linien (sogenannte „Koordinatenachsen") so anordnen, daß jede von ihnen auf jede andere im rechten Winkel steht. (Auf einer Fläche z. B. gibt es nur zwei, daher sind Flächen zweidimensionale Räume). Ein Raum, in dem auf diese Weise vier oder mehr Geraden angeordnet werden können, heißt höherdimensional. In der Mathematik kommen oft Räume mit sehr vielen Dimensionen vor, es ist sogar möglich, solche mit unendlich vielen Dimensionen zu konstruieren.[47]

390 Was ist ein Para-Raum?

Das ist (ebenso wie „Hyperraum") ein Ausdruck für einen real existierenden höherdimensionalen Raum. Ob es einen solchen gibt, ist fraglich.

391 Was sind die bekanntesten ungelösten Probleme der Mathematik?

Ungelöste Probleme sind in der Mathematik keine Seltenheit, die meisten jedoch sind für Laien schwer zu verstehen. Allerdings sind gerade einige der berühmtesten von sehr einfacher Art:

- Das „Vier-Farben-Problem": Wenn man eine Fläche in beliebiger Weise in Gebiete unterteilt, und jedes Gebiet so einfärbt, daß keine zwei Gebiete mit gleicher Farbe aneinandergrenzen (höchstens in einem Punkt), wieviele verschiedene Farben sind dann maximal notwendig? (Ein Beispiel wäre die politische Karte der Erde, wobei das Meer ebenfalls als ein einziges Land gilt, das, ebenso wie etliche andere Länder, blau eingefärbt wird.) Man weiß mit Sicherheit, daß 5 immer ausreichen, kennt aber praktisch keinen Fall, in dem wirklich alle 5 notwendig sind, weil stets 4 genügen. Es ist bisher ungewiß, ob es eine Landkarte geben kann, für die 4 Farben nicht ausreichen.

- Primzahlenzwillinge: Primzahlen sind natürliche Zahlen (ab 2), die nur durch 1 und durch sich selbst glatt teilbar sind (z. B. 2, 3, 5, 7, 11, 13, . . .). Davon gibt es unendlich viele.[48] Primzahlenzwillinge sind Paare von Primzahlen mit der Differenz 2, also z. B. 3-5, 11-13, 17-19 etc. Man kennt heute tausende solcher Zwillinge, es ist aber nicht bekannt, ob es unendlich viele davon gibt.[49]

- Die Goldbach'sche Vermutung: Christian Goldbach nahm an, daß jede gerade Zahl die Summe zweier Primzahlen ist (z. B. $6 = 3 + 3$, $8 = 5 + 3$, $10 = 5 + 5$ etc.). Ob das jedoch immer gilt, weiß bis heute niemand.

- Der Fermat'sche Satz: Bekanntlich gibt es ganzzahlige Zahlentripel von der Gestalt $3^2 + 4^2 = 5^2$ (denn $9 + 16 = 25$). Fermat behauptet nun, daß die Gleichung $x^n + y^n = z^n$ keine Lösung mit ganzen Zahlen hat, wenn n größer als 2 ist. Diese Erkenntnis fand sich in Fermats Nachlaß auf dem Rand einer Buchseite zusammen mit der Bemerkung „Ich entdeckte einen wahrhaft bemerkenswerten Beweis, aber der Rand ist zu schmal, ihn zu fassen". Trotz gewaltiger Anstrengungen ist es den Mathematikern bis heute nicht gelungen, einen Beweis oder Gegenbeweis zu finden.

- Mitunter finden langjährige Probleme eines Tages doch noch eine Lösung: Fast 200 Jahre lang galt es als unmöglich (wenn auch nicht widerlegbar), die Zahlen von 0 bis 99 so in einem 10×10 Quadrat anzuordnen, daß in jeder Zeile und jeder Spalte jede Einer- und jede Zehnerziffer nur je einmal vorkommt. Seit kurzem weiß man aber, daß es doch ein solches Quadrat gibt.[50]

392 Was ist das Russell'sche Paradoxon?

Der britische Philosoph und Mathematiker Bertrand Russell entdeckte einen Widerspruch in der Mengenlehre, den er sodann zum Anlaß nahm, die begrifflichen Grundlagen der Mathematik noch schärfer zu fassen. Das Paradoxon (auch „Russell'sche Antinomie" genannt) lautet folgendermaßen:

Manche Mengen enthalten sich selbst als Element (z. B. die Menge aller Mengen ist selbst eine Menge, die Menge aller Begriffe ist selbst ein Begriff etc.). Gewöhnliche Mengen hingegen tun das nicht (z. B. die Menge aller Zahlen ist selbst keine Zahl). Betrachten wir jetzt die Menge aller gewöhnlichen Mengen (d. h. die Menge aller jener Mengen, die sich selbst nicht als Element enthalten; diese Menge wird „Russell'sche Menge" genannt). Schließlich stellen wir die Frage, ob die Russell'sche Menge sich selbst als Element enthält, oder ob sie eine gewöhnliche Menge ist. Obwohl jede der beiden Möglichkeiten die jeweils andere logisch ausschließt, läßt sich durch kurzes Nachdenken sofort zeigen, daß aus der Annahme, sie enthalte sich selbst als Element, folgt, daß sie es nicht tut (und umgekehrt).

In der heutigen u. a. durch Russell selbst verbesserten Mathematik kann diese Art von Widersprüchen nicht mehr auftreten.

393 Was war der Paritätssturz?

Die Erhaltung der Parität ist ein Prinzip der theoretischen Physik, das gleichbedeutend mit der Aussage ist, wonach jeder physikalisch mögliche Vorgang spiegelverkehrt ebensogut möglich wäre. Daß man tatsächlich (z. B. auf einer photographischen Abbildung) die richtige von der falschen Seite unterscheiden kann, liegt entweder daran, daß man das dargestellte Objekt selbst kennt, oder daß man in der Realität die Einhaltung bestimmter Konventionen voraussetzt (z. B. Schrift statt Spiegelschrift). Physikalisch aber sind dem Prinzip zufolge beide Möglichkeiten gleichberechtigt. Erst 1956 wurde dieses Gesetz gestürzt, als die beiden chinesischen Physiker Tsung Dao Lee und Chen Ning Yang nachweisen konnten, daß es in der Mikrophysik Vorgänge gibt, deren spiegelbildlicher Verlauf unmöglich ist.

394 Was ist ein Perpetuum Mobile?

Ein Perpetuum Mobile ist eine Maschine, die aus nichts Energie erzeugt. Sie widerspricht dem Satz von der Erhaltung der Energie und ist daher nicht möglich. Dennoch sind im Laufe der

Geschichte zahlreiche Konstruktionen dafür vorgeschlagen worden (z. B.: ein Elektromotor, der seinen eigenen Stromgenerator antreibt).

395 Was ist ein Perpetuum Mobile 2. Art?
Das ist eine Maschine, die Wärmeenergie direkt und vollständig in mechanische (= technisch nutzbare) Energie umwandelt. Sie wäre in der Lage, einen kalten Körper noch weiter abzukühlen, um einen heißen stärker zu erwärmen. Ein Perpetuum Mobile 2. Art widerspricht dem 2. Hauptsatz der Thermodynamik, und ist deshalb ebenfalls unmöglich.

396 Was ist der Laplace'sche Dämon?
Nach klassischer mechanistischer Vorstellung müßte es genügen, zu einem beliebigen Zeitpunkt die Orte, Massen und Geschwindigkeiten aller Teilchen im Universum zu kennen, um die gesamte Vergangenheit und Zukunft eindeutig berechnen zu können. Da das einem Menschen in der Praxis nicht möglich ist, stellte Laplace sein Gedankenexperiment mit einem zu diesem Zweck erfundenen Dämon an.

397 Was ist der absolute Nullpunkt?
Das ist die tiefste Temperatur, die theoretisch möglich ist. Sie beträgt $-273,16\,°C$.[51]

398 Was sind N-Strahlen?
Der französische Physiker René Blondlot behauptete 1903, eine neue Art von Strahlen entdeckt zu haben, die er nach seiner Heimatstadt Nancy als N-Strahlen bezeichnete. Obwohl auch andere Physiker mit diesen N-Strahlen experimentierten, nimmt man heute an, daß es sich um Täuschungen handelte. Bei einer kritischen Untersuchung in seinem eigenen Labor durch R. W. Wood war Blondlot außerstande, seine Entdeckung zu demonstrieren.

399 Was ist Antimaterie?
Zu jedem Elementarteilchen mit einer bestimmten Masse gibt es ein Antiteilchen mit derselben, aber negativen Masse und mit der entgegengesetzten elektrischen Ladung. Antiteilchen kön-

nen prinzipiell ebenso wie gewöhnliche Teilchen Atome bilden („Anti-Atome") und (Anti-)Materie aufbauen. In größeren Mengen kommt Antimaterie in der Natur jedoch nicht vor, denn sobald sie auf gewöhnliche Materie stößt, zerstrahlen beide. Rein mathematisch kann man Antiteilchen auch so beschreiben, als wären sie gewöhnliche Teilchen, die sich jedoch von der Zukunft in die Vergangenheit bewegen.

400 Was sind Neutrinos?

Damit ist eine Sorte von Elementarteilchen gemeint, die keine Masse besitzen, elektrisch neutral sind und sich mit Lichtgeschwindigkeit ausbreiten. Sie besitzen eine sagenhafte Fähigkeit, Materie zu durchdringen (sie könnten im Durchschnitt 3500 Lichtjahre weit durch massives Blei fliegen, bevor sie aufgehalten werden). Ständig durchdringen riesige Mengen von Neutrinos die Erde (sie werden im Inneren der Sonne gebildet).

401 Was sind Instantonen?

Damit sind extrem kurzlebige Teilchen gemeint, die im leeren Raum entstehen, und sofort danach wieder vernichtet werden. Demnach ist selbst ein absolutes Vakuum nicht leer, sondern eine brodelnde Masse von Instantonen. Diese lassen sich zwar nicht direkt nachweisen, sie sind aber in der theoretischen Physik allgemein anerkannt.

402 Was sind Tachyonen?

Das sind hypothetische Elementarteilchen, die sich, ohne die Gesetze der Physik zu verletzen, mit Überlichtgeschwindigkeit bewegen. Sollte es sie geben, so müßten sie (im Gegensatz zu gewöhnlichen Teilchen) schneller werden, wenn man ihnen Energie wegnimmt. Es wäre unendlich viel Energie notwendig, um sie auf Lichtgeschwindigkeit abzubremsen. Die Suche nach diesen theoretischen Teilchen war bisher erfolglos.

403 Was sind Quarks?

Quarks sind Teilchen mit gebrochenen Ladungen (1/3 bzw. 2/3 der Ladung des Elektrons). Die meisten bekannten Teilchen lassen sich beschreiben, als ob sie aus Quarks zusammengesetzt wären. Allerdings ist es bisher nicht gelungen, einzelne freie Quarks nachzuweisen.[52]

404 Wieso ist die Kausalität in der modernen Physik nicht mehr streng gültig?

Unter Kausalität versteht man, daß jede Ursache eine ganz bestimmte und unabänderliche Wirkung zur Folge hat. Das war das Konzept der klassischen Mechanik im 19. Jahrhundert. Die Quantentheorie hat jedoch gezeigt, daß jede Ursache eine ganze Palette von möglichen Wirkungen besitzt, die jeweils mit ganz bestimmten Wahrscheinlichkeiten auftreten (besonders deutlich ist dieser Effekt in der Mikrophysik). Außerdem kennt man heute Vorgänge (z. B. den radioaktiven Zerfall), die spontan (d. h. ohne Ursache) auftreten. Bei großen Gegenständen (also im Alltag) haben diese Phänomene jedoch keine praktische Bedeutung, weil jene Wirkungen, die man früher für streng notwendig hielt, heute noch immer überwältigende Wahrscheinlichkeiten besitzen.

405 Was ist das Heisenberg'sche Unsicherheitsprinzip?

Im Gegensatz zur Vorstellung des Laplace'schen Dämons konnte Werner Heisenberg 1927 zeigen, daß es grundsätzlich nicht möglich ist, Ort und Impuls (= Produkt aus Masse und Geschwindigkeit) auch nur eines einzigen Teilchens gleichzeitig genau zu bestimmen. Darüber hinaus ist man heute der Überzeugung, daß derartige unbestimmbare Größen oder Größenpaare (von denen es in der Quantentheorie noch etliche weitere gibt) nicht sosehr verborgen sind, als vielmehr sinnlose Begriffskombinationen darstellen, für die es in der Natur gar keine Entsprechungen gibt.

406 Was versteht man unter dem Teilchen-Welle-Dualismus?

Lichtstrahlen lassen sich sowohl als Wellen (ähnlich denen, die ein ins Wasser geworfener Stein erzeugt), als auch als Teilchen (Lichtquanten = Photonen) beschreiben. Logisch sind beide Modelle zwar zueinander im Widerspruch, es zeigt sich jedoch, daß manche Verhaltensweisen des Lichts nur durch das eine, und manche nur durch das andere verständlich werden. Tatsächlich sind beide nur vereinfachte Hilfsmittel für wesentlich kompliziertere, tieferliegende Naturgesetze.

407 Was sind Wahrscheinlichkeitswellen?
Alle materiellen Teilchen (z. B. Elektronen) verhalten sich in gewisser Weise nicht nur wie Teilchen, sondern auch wie Wellen. Im Gegensatz zu den physikalischen Wellen (z. B. des Lichts) handelt es sich dabei um sogenannte Wahrscheinlichkeitswellen, d. h. das, was dabei schwingt, ist die Quadratwurzel aus der Wahrscheinlichkeit dafür, das Teilchen an einer bestimmten Stelle im Raum anzutreffen. Die Ausbreitung einer solchen Schwingung (also die dazugehörige Welle) beschreibt die Bewegung eines Teilchens. Die diesem wichtigen Grundkonzept der Quantentheorie zugrundeliegende Wellenmechanik (insbesondere die berühmte Schrödinger-Gleichung) untersucht das Verhalten der Wahrscheinlichkeitswellen unter gegebenen Bedingungen sowie deren gegenseitige Beeinflussung. Ihre Ergebnisse, die sich nachprüfen lassen, wären ohne diese Wellen oft gänzlich unverständlich.

408 Was ist die Subjektivität der modernen Mikrophysik?
Damit ist die seltsame Tatsache gemeint, daß das Verhalten von Teilchen davon abhängt, was der Beobachter über sie wissen kann. Schießt man z. B. Elektronen gegen eine Wand mit zwei Löchern, so treten hinter dieser Wand völlig andere Effekte auf, je nachdem ob die Versuchsanordnung es zuläßt, bei jedem einzelnen Elektron festzustellen, durch welches Loch es hindurchgegangen ist. (Die tatsächliche Kenntnis hat aber keinen Einfluß, es kommt nur auf die prinzipielle Möglichkeit dieser Kenntnis an.)

409 Was ist die Relativitätstheorie?
Das ist ein Teil der modernen Physik, der von Albert Einstein entdeckt wurde. In der Speziellen Relativitätstheorie wird der Einfluß der Geschwindigkeit auf Zeit, Masse und Länge (sowie andere physikalische Größen) untersucht. Die Allgemeine Relativitätstheorie beschäftigt sich mit der Gravitation (z. B. ihrem Einfluß auf die Zeit) und der Krümmung des Raum-Zeit-Kontinuums. Obwohl die Relativitätstheorie vor allem wegen

ihrer skurrilen Ergebnisse berühmt wurde, ist sie heute (neben der nicht minder skurrilen Quantentheorie) eine der beiden tragenden Säulen der theoretischen Physik.

410 Vergeht die Zeit überall gleich schnell?

Nein. Der Zeitfluß hängt von der Geschwindigkeit ab: bei hoher Geschwindigkeit vergeht die Zeit langsamer, allerdings ist dieser Effekt für den mitbewegten Beobachter nicht feststellbar. Gleiten beispielsweise zwei Raumschiffe aneinander vorüber, so könnte (im Prinzip) jede der beiden Besatzungen feststellen, daß die Zeit im jeweils anderen Raumschiff langsamer fließt. Je stärker sich der Geschwindigkeitsunterschied der Lichtgeschwindigkeit nähert, desto deutlicher wird dieser Effekt. Außerdem hat auch die Schwerkraft Einfluß auf die Zeit, die durch sie verlangsamt wird (z. B. vergeht die Zeit auf dem Mond ein bißchen schneller, weil alle Gegenstände dort weniger Gewicht haben, als auf der Erde).

411 Was ist das Uhrenparadoxon?

Zwei gegeneinander bewegte Raumschiffe sind physikalisch völlig gleichberechtigt, und jedes mißt die Zeit im anderen Raumschiff als verlangsamt. Kommen die beiden Flugkörper jedoch später wieder zusammen, so kann aus einem Uhrenvergleich ersehen werden, daß eine der beiden Zeiten tatsächlich die langsamere war. Die Lösung des Paradoxons liegt darin, daß die symmetische Gleichberechtigung nur für völlig unbeschleunigte Raumschiffe gilt, und ohne eine Beschleunigung (z. B. Bremsen, Umkehren etc.) ein späteres Zusammentreffen der beiden nicht möglich ist.[53]

412 Gibt es noch weitere seltsame Phänomene, die durch Geschwindigkeitsunterschiede bewirkt werden?

Ja. Neben der Zeitdehnung stellt jeder Beobachter in einem System, das sich relativ zu ihm bewegt, auch noch eine Massenzunahme und eine Verkürzung der Maßstäbe in Fahrtrichtung fest. Ein mit 86,6 % der Lichtgeschwindigkeit bewegter Stab beispielsweise wird auf die Hälfte seiner Länge gestaucht (ohne jedoch dicker zu werden!). Man nennt das die Lorentz-Kontraktion.

413 Kann man Lichtstrahlen verbiegen?

Große Massen (z. B. die Sonne) sind in der Lage, in ihrer Umgebung Licht abzulenken. Auf diese Weise kann man ein Stückchen hinter einen Stern sehen. Dieser von der Allgemeinen Relativitätstheorie vorhergesagte Effekt kann astronomisch nachgewiesen werden.

414 Was bedeutet E=mc²?

Das ist eine berühmte, von Einstein im Rahmen seiner Speziellen Relativitätstheorie gefundene Formel. E ist die Energie, die einem ruhenden Körper innewohnt, m die Masse, als die sie in Erscheinung tritt und c die Lichtgeschwindigkeit (300 Millionen Meter pro Sekunde). Sie besagt im wesentlichen, daß Materie und Energie im Prinzip dasselbe sind und ineinander umgewandelt werden können. Da c sehr groß ist, bedeutet selbst eine kleine Masse sehr viel Energie. Eine Umwandlung von Masse in Energie tritt beispielsweise bei der Atombombe oder im Inneren der Sonne auf.[54]

415 Was sind Gravitationswellen?

Gravitation ist die gegenseitige Massenanziehung. Jede Veränderung der Lage eines materiellen Objekts verändert auch das von ihm bewirkte umgebende Gravitationsfeld, wobei sich diese Feldänderung mit Lichtgeschwindigkeit im Raum ausbreitet. Beispielsweise strahlen Doppelsterne, die umeinander kreisen, ständig solche Gravitationswellen ab. Der Nachweis dieser Wellen ist jedoch sehr schwierig, und bis heute noch nicht in unumstrittener Weise geglückt.

416 Was hat es mit den Überlichtgeschwindigkeiten auf sich, die angeblich im Weltraum beobachtet werden?

Es läßt sich beobachten, daß manche astronomische Objekte (z. B. Quasare → 424) Materie in dünnen Strahlen (sog. „Jets") aussenden, deren Länge bekannt ist und die schneller als mit Lichtgeschwindigkeit zu wachsen scheinen. Die Beobachtungen sind zwar korrekt, die Schlußfolgerung enthält aber einen Denkfehler. Das Phänomen tritt nämlich nur bei solchen Strahlen auf, die einen spitzen Winkel mit der Verbindungslinie zur Erde aufweisen, was bei Strahlgeschwindigkeiten nahe (aber unterhalb!) der Lichtgeschwindigkeit bewirkt, daß Zeitintervalle kürzer erscheinen, als sie tatsächlich sind. (Das hat überhaupt nichts mit Physik zu tun, sondern ist ein rein geometrischer Projektionseffekt.) Dividiert man nun die zurückgelegte Strecke durch eine zu kleine Zeitdifferenz, so erhält man eine zu hohe Geschwindigkeit.

417 Was ist eine Zeitreise?

Das ist der Transport eines materiellen Gegenstandes (oder auch einer Information) entgegen dem Strom der Zeit zurück in die Vergangenheit. Sieht man von solchen Fällen ab, in denen logische Widersprüche auftreten (indem z. B. ein Zeitreisender in der Vergangenheit Dinge tut, die seine eigene spätere Existenz verhindern), so läßt sich nicht streng beweisen, daß Zeitreisen physikalisch unmöglich sind. Es ist aber auch nicht bekannt, daß bzw. wenn auf welche Weise sie tatsächlich auftreten könnten.

418 Was sind Neutronensterne?

Neutronensterne sind ein mögliches Endstadium der Sternentwicklung. Es handelt sich um kleine Objekte (einige Kilometer Durchmesser), die größtenteils aus Neutronen bestehen. Normale Materie enthält Neutronen und Protonen im Atomkern, und Elektronen (genauso viele wie Protonen) in der Atomhülle. Der Druck im Inneren eines Neutronensterns ist aber so stark, daß Protonen und Elektronen ineinandergequetscht werden und solcherart Neutronen bilden. Der ganze Stern kann in gewissem Sinn als ein einziger riesiger Atomkern verstanden werden, und er weist auch eine vergleichbare Dichte auf. (Um dieselbe Dichte zu erreichen, müßte man z. B. die Erde auf einige Meter Durchmesser zusammenpressen.)

419 Was ist ein Pulsar?

Pulsare sind schnell rotierende Neutronensterne (einige Umdrehungen pro Sekunde). Dabei strahlen sie ganz kurze Radioimpulse aus, nach denen sie benannt sind (und die durch ihr Magnetfeld bewirkt werden).[55]

420 Was ist eine Supernova?

Supernovae sind besonders heftig explodierende Sterne. Ihre Helligkeit kann in wenigen Wochen auf mehr als das 100 Millionenfache ansteigen. Der Stern kann dann für kurze Zeit stärker strahlen, als eine ganze Galaxie. Die Explosionsgeschwindigkeit beträgt in einigen Fällen bis 10 000 km/s. Im Laufe von Monaten sinkt die Helligkeit wieder ab. Durch Supernova-Explosionen können Pulsare entstehen, und i. a. bleibt ein sich ausdehnender Nebel zurück.

421 Was ist der Crab-Nebel?

Das ist der Überrest der berühmtesten Supernova. Sie wurde im Jahre 1054 von den Chinesen beobachtet. Der dabei entstandene Pulsar heißt CM Tauri, und seine Strahlung beleuchtet den immer noch mit ca. 1100 km/s expandierenden Nebel.

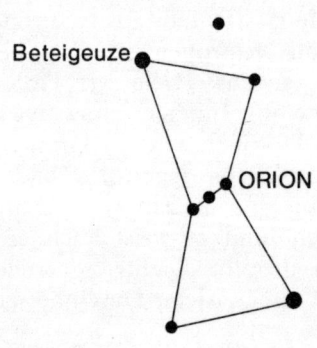

Die Lage des Crab-Nebels, des Überrestes der Supernova von 1054 (leerer Kreis), nördlich des Sternbildes Orion.

Außer dieser wurden innerhalb unserer Milchstraße nur noch zwei weitere Supernovae beobachtet, nämlich 1572 von Tycho Brahe und 1604 von Kepler.

422 Was ist ein Weißer Zwerg?

Kleine Sterne (z. B. die Sonne) werden später (in einigen Milliarden Jahren) als Weiße Zwerge enden. Es handelt sich dabei um kleine, heiße Objekte mit einer hohen Dichte (im Inneren etwa 15 Tonnen pro cm^3) und Schwerkraft (alle Gegenstände wären dort etwa 100 000 mal so schwer wie auf der Erde). Der bekannteste Weiße Zwerg ist der Begleiter des Sirius.

423 Was sind Schwarze Zwerge?

Das sind einerseits Sterne, die bei ihrer Entstehung zu klein geraten sind, sodaß sie niemals begonnen haben, zu strahlen (ein Beispiel dafür ist der Riesenplanet Jupiter), andererseits bezeichnet man damit ehemalige Weiße Zwerge, die bereits ausgebrannt sind. Solche Schwarzen Zwerge gibt es bis jetzt noch nicht, denn Weiße Zwerge „leben" wesentlich länger, als das jetzige Alter des Universums.

424 Was sind Quasare?

Das ist ein Kurzwort für „Quasi-Stellar Radio Sources", also Quellen kosmischer Radiostrahlung, die im Teleskop wie Sterne aussehen. Sie sind die am weitesten entfernten bekannten Objekte des Universums (mehrere Milliarden Lichtjahre). Die Ausstrahlung dieser verhältnismäßig kleinen Gebilde beträgt oft das Hundertfache ganzer Galaxien. Eine befriedigende Erklärung dafür ist noch nicht gelungen.

425 Was ist eine Gravitationslinse?

Vor einigen Jahren wurden zwei benachbarte Quasare entdeckt, deren Eigenschaften und Verhalten völlig identisch waren. Schließlich stellte es sich heraus, daß es sich in Wirklichkeit nur um einen einzigen Quasar handelt, dessen Licht jedoch durch die Gravitation einer etwa in halber Entfernung liegenden Galaxie derart beeinflußt wird, daß sie dem irdischen Beobachter doppelt erscheint. Eine Gravitationslinse ist ganz allgemein jede Masse im Universum, deren Schwerefeld das Bild eines dahinter liegenden Objekts optisch verändert.

426 Was sind Überriesen?

Das ist eine Klasse besonders großer Sterne. Sie können bis 500mal so groß sein wie die Sonne (d. h. bis 50 000 Erddurchmesser). Sie enden alle als Schwarze Löcher.

427 Was ist ein Schwarzes Loch?

Das ist ein Punkt unendlicher Dichte (eine Singularität) im Weltraum. Innerhalb eines bestimmten Abstandes von diesem Punkt (dem sogenannten „Schwarzschild-Radius") ist die Gravitation so stark, daß nicht einmal Lichtwellen entweichen können (daraus erklärt sich der Name „Schwarzes Loch"). Jede Art von Materie und Energie kann in dieses Schwarze Loch hineinstürzen (und wird auch durch die starke Schwerkraft hineingezogen), aber nichts kann einem Schwarzen Loch wieder entkommen. Alle Eigenschaften der verschluckten Gegenstände ausgenommen Masse, elektrische Ladung und Drehimpuls gehen verloren.

428 Was bedeutet Black Hole?

Das ist der englische Ausdruck für ein Schwarzes Loch, der oft auch im Deutschen verwendet wird.

429 Wie groß sind Schwarze Löcher?

Da die Singularität selbst keine Ausdehnung hat, nimmt man den Schwarzschild-Radius als Maß für die Größe eines Schwarzen Lochs. Er hängt von der Masse ab. Würde man (rein gedanklich) z. B. die Erde so zusammenpressen, daß ein Schwarzes Loch entsteht, so hätte sie einen Schwarzschild-Radius von 9 mm. Bei echten Schwarzen Löchern sind Durchmesser von mehreren Kilometern zu erwarten.[56]

430 Wie entsteht ein Schwarzes Loch?

Schwarze Löcher sind das Endstadium in der Entwicklung massereicher Sterne. (Bei 10 Sonnenmassen und darüber können sie diesem Schicksal kaum entgehen.)

431 Kann man Schwarze Löcher im Weltraum nachweisen?

Ja. Die von ihnen aufgesaugte interstellare Materie gibt, bevor sie den Schwarzschild-Radius erreicht eine charakteristische

Röntgenstrahlung ab, die sich beobachten läßt. Eine solche Röntgenquelle im Sternbild Schwan mit dem Namen Cygnus X1 ist bereits als Schwarzes Loch identifiziert worden.

432 Was ist der Hawking-Effekt?

Steven Hawking entdeckte, daß es einen Prozeß gibt, durch den Schwarze Löcher (im Gegensatz zur bisherigen Überzeugung der Physiker) dennoch Masse verlieren können, indem nämlich außerhalb des Schwarzschild-Radius infolge der starken Gravitation von selbst Teilchen entstehen und z. T. entweichen, was auf Kosten des Schwarzen Lochs geht. Diese Hawking-Strahlung ist zwar extrem schwach (um so schwächer, je größer das Schwarze Loch ist), aber falls die Expansion des Universums ewig anhält, müssen dennoch letztlich alle Schwarzen Löcher auf diese Weise einmal zerfallen.

433 Was ist ein Mini-Black-Hole?

Es wäre denkbar, daß sich bald nach der Entstehung des Universums ganz kleine Schwarze Löcher gebildet haben. Solche mit einer Masse von etwa einer Milliarde Tonnen (das entspricht etwa der Masse des Mt. Everest) und einem Schwarzschild-Radius in der Größenordnung der Elementarteilchen würden etwa in der Gegenwart durch Hawking-Strahlung aufgebraucht sein. Dieser Vorgang würde in einem kurzen, aber intensiven Strahlungsausbruch enden, den man von der Erde aus entdekken könnte. Bisher ist es jedoch noch nicht gelungen, solche Mini-Black-Holes nachzuweisen.

434 Was ist ein Supermassive Black Hole?

In einem ewig expandierenden Universum wäre genügend Zeit vorhanden, daß sich Schwarze Superlöcher mit der Masse ganzer Galaxien oder gar Galaxienhaufen bilden. Als Lebensdauer für ein solches Supermassive Black Hole wurden Zeiträume von etwa 10^{100} Jahren errechnet. (10^{100} bedeutet eine 1 mit 100 Nullen.)

435 Was sind Weiße Löcher?

Weiße Löcher („White Holes") sind die Umkehrung des Prinzips der Schwarzen Löcher. Während Schwarze Löcher Materie und Strahlung aufsaugen, und nichts austreten kann, senden Weiße Löcher Teilchen und Strahlung aus, es kann jedoch von außen nichts eindringen. Es ist der (erfolglose) Versuch gemacht worden, die Quasare als Weiße Löcher zu deuten. Die Existenz Weißer Löcher ist rein hypothetisch.

436 Was sind Wormholes?

Wormholes (wörtlich: Wurmlöcher; wissenschaftlich heißen sie Einstein-Rosen-Brücken) sind hypothetische Verbindungen zwischen Schwarzen und Weißen Löchern. Dahinter steht die Vorstellung, daß das von einem Schwarzen Loch Verschluckte an einer anderen Stelle des Raum-Zeit-Kontinuums (d. h. anderswo und zu einer anderen Zeit) oder auch in einem anderen Universum von einem Weißen Loch wieder ausgestoßen wird. Im Falle schnell rotierender Schwarzer und Weißer Löcher wäre es sogar denkbar, daß Gegenstände (z. B. Raumschiffe) die Singularität verfehlen, und daher bei diesem Durchgang nicht zerstört werden. Die tatsächliche Existenz von Wormholes gilt jedoch derzeit als nicht wahrscheinlich.

437 Ist der Weltraum unendlich?

Wahrscheinlich ja, aber das ist noch nicht sicher bekannt. Sollte er endliches Volumen haben, so würde er dennoch keine Begrenzung aufweisen, sondern durch eine entsprechende Krümmung in sich geschlossen sein (ähnlich wie eine Kugelfläche). Der heute bekannte (bzw. der uns für Beobachtungen zugängliche) Weltraum ist sicher nicht unendlich, sondern hat einen Durchmesser von etlichen Milliarden Lichtjahren. (1 Lichtjahr sind ungefähr 10 Billionen Kilometer.)

438 Ist das Universum ewig?

Nach gegenwärtigem Stand der Forschung dürfte das Universum nicht immer bestanden haben, sondern vor etlichen Milliarden Jahren sehr plötzlich entstanden sein („Urknall"). Ob es ewig weiterbestehen wird, läßt sich z. Z. noch nicht entscheiden, denn das hängt von seinen noch unbekannten geometrischen Eigenschaften ab. Ist es endlich, so muß es ebenso abrupt wieder enden („Endknall"), andernfalls gibt es keinen zeitlichen Endpunkt.

439 Was ist das Raum-Zeit-Kontinuum?

Unser Universum wird in der Physik durch einen vierdimensionalen „Raum" beschrieben, dessen 4. Dimension die Zeit ist. (Im Gegensatz zu den 3 räumlichen Dimensionen wird sie jedoch als imaginäre Länge aufgefaßt.) Jedem Ereignis (an einem bestimmten Ort und zu einem bestimmten Zeitpunkt) entspricht ein sogenannter „Weltpunkt" in diesem Raum-Zeit-Kontinuum. Der mathematische („vierdimensionale") Abstand zwischen zwei Weltpunkten ist eine fixe Gegebenheit, während der räumliche oder zeitliche Abstand allein von verschiedenen Beobachtern je nach ihrem Bewegungszustand verschieden gemessen wird.

440 Was ist ein gekrümmter Raum?

Ein Raum ist dann gekrümmt, wenn die kürzeste Verbindung zwischen zwei beliebigen Punkten, die innerhalb des Raumes verläuft, keine Gerade ist. (Z. B. ist die Erdoberfläche gekrümmt, denn die kürzeste Flugbahn, etwa von Tokyo nach Rio beschreibt einen Kreisbogen. Eine gerade Verbindung würde durch das Erdinnere gehen, also außerhalb des zweidimensionalen Raumes der Kugeloberfläche liegen.) In gleicher Weise kann auch ein dreidimensionaler Raum gekrümmt sein, und auch das vierdimensionale Raum-Zeit-Kontinuum weist (zumindest lokale) Krümmungen auf. Das bedeutet aber, daß nicht nur der Raum, sondern auch die Zeit gekrümmt ist.

441 Was ist das Big-Bang Modell des Universums?

Nach heute allgemein anerkannter Ansicht hat das Universum in einem Zustand unendlicher Dichte plötzlich begonnen sich auszudehnen (Big Bang = Urknall). Ist das Universum endlich, so war es damals ein ausdehnungsloser Punkt (auf jeden Fall gilt das für das endliche, bekannte Universum). Ob es später wieder als ein solcher Punkt („Singularität") endet, indem die Expansion des Universums einmal zum Stillstand kommt, und sich danach umkehrt, hängt davon ab, ob wir tatsächlich in einem endlichen Weltall leben. Ein unendliches (das auch beim Urknall schon unendlich groß war) müßte sich für alle Zeiten ausdehnen.

442 Was ist das Steady-State Modell des Universums?

Es wäre theoretisch denkbar, daß das Universum in Vergangenheit und Zukunft ewig ist, und zu jeder Zeit etwa den gleichen Anblick bietet. Zwar dehnt sich das Weltall aus („Expansion des Universums"), aber infolge kontinuierlicher Neuentstehung von Materie bleibt die mittlere Dichte stets gleich. Ein Steady-State Universum wäre (von lokalen Details abgesehen) euklidisch, d. h. nicht gekrümmt. Die wissenschaftlichen Meßergebnisse sprechen allerdings gegen dieses Weltmodell.

443 Was war vor dem Urknall?

Das Wort „vor" bedeutet „zeitlich früher". Das läßt sich aber auf den Urknall vermutlich gar nicht anwenden, denn nach allem, was wir heute wissen, ist damals zusammen mit dem Universum auch die Zeit selbst entstanden. Aber auch wenn die Frage einen Sinn haben sollte, läßt sie sich nicht beantworten, weil keine Spuren aus einer allfälligen Zeit davor erhalten geblieben sind.

444 Was versteht man unter dem Welthorizont?

Je weiter sich ein Objekt im Weltraum (z. B. eine Galaxie) von uns entfernt befindet, desto größer ist seine Fluchtgeschwindigkeit (infolge der Expansion) und desto länger liegt der Zustand zeitlich zurück, in dem wir es sehen (wegen der langen Laufzeit des Lichts). Galaxien am Welthorizont sind unsichtbar, denn ihre Fluchtgeschwindigkeit ist die Lichtgeschwindigkeit, und ihr (scheinbarer) Zustand wäre derjenige während des Urknalls, zu dem sie noch gar nicht existierten. Je älter das Universum wird, desto größer ist die als Welthorizont bezeichnete Kugelfläche. Für einen Beobachter am Welthorizont würden wir uns auf seinem Welthorizont befinden.

445 Was ist ein Ereignishorizont?

Das ist eine Fläche, hinter der ein Raumgebiet liegt, das wir grundsätzlich nicht beobachten können. Beispiele sind der Welthorizont, oder die Kugelfläche mit dem Schwarzschild-Radius bei einem Schwarzen Loch.

446 Was ist das Kosmologische Prinzip?
Das ist die (höchstwahrscheinlich richtige) These, wonach das Universum von jeder beliebigen Stelle aus ungefähr den gleichen Anblick bietet.

447 Gibt es noch andere Universen als unseres?
Das wissen wir nicht, es wäre aber prinzipiell denkbar. Es könnte auch unendlich viele andere Raum-Zeit-Kontinua geben, die zusammen mit unserem Weltraum in einen höherdimensionalen Raum eingebettet sind.

448 Was ist das Zeitalter der Hadronen?
Das ist das erste bekannte Zeitalter in der Geschichte des Universums. In ihm wurden ständig bestimmte Elementarteilchen (die Hadronen, zu ihnen gehören auch Protonen und Neutronen) gebildet, und sofort wieder vernichtet. Als dieses Zeitalter zu Ende ging (ca. 1/10 000 Sekunde nach dem Urknall) hatte das heute bekannte Universum eine Ausdehnung von ca. 100 Milliarden Kilometern (= etwa 4 Lichttage).

449 Was war das Zeitalter der Kernreaktionen?
Im Intervall zwischen 1/10 000stel Sekunde und 1/4 Stunde nach dem Urknall spielten sich heftige Kernreaktionen zwischen Protonen und Neutronen ab. Die Raumtemperatur lag damals zwischen 1 Billion Grad zu Beginn und 100 Millionen Grad gegen Ende dieses Zeitalters. Damals wurden die ersten Atomkerne (besonders Helium) gebildet.

450 Was war das Zeitalter der Strahlung?
Vor dem gegenwärtigen Zeitalter der Sterne befand sich das Universum in einem Zustand höherer Temperatur (über 10 000 Grad), in dem die Materie eher unbedeutend war, und die Strahlung den wichtigsten Bestandteil des Weltalls ausmachte. Das Zeitalter der Strahlung begann etwa eine Viertelstunde nach dem Urknall.

451 Was ist das Zeitalter der Sterne?
Das ist derjenige Zeitabschnitt in der Entwicklung des Universums, in dem wir uns jetzt befinden, und für das die Existenz

von Sternen charakteristisch ist. Es begann etwa 1 Million Jahre nach dem Urknall und wird (bei ungestörter Expansion des Weltalls) etwa 100 Billiarden (= 10^{17}) Jahre andauern.

452 Was ist das Zeitalter der Schwarzen Löcher?

Nachdem (in einem ewig expandierenden Universum) alle Sterne ausgebrannt sind, gibt es (neben Planeten, Neutronensternen, Schwarzen Zwergen und anderen kleinen Objekten) nur noch Schwarze Löcher im Universum, die noch immer in Form von Galaxien auftreten, wie früher die Sterne, aus denen sie hervorgegangen sind. Über lange Zeiträume werden Prozesse wirksam, die bewirken, daß einzelne Schwarze Löcher von den Galaxien weggeschleudert werden, und sich die verbleibenden dann zu besonders riesigen Schwarzen Löchern (Supermassive Black Holes) vereinigen, in denen dann der Großteil der Masse der ehemaligen Galaxien enthalten ist. Auf die gleiche Weise werden Galaxienhaufen noch größere Schwarze Löcher bilden. Sobald der Raum zwischen ihnen nichts mehr enthält, was die Schwarzen Löcher noch aufsaugen könnten, beginnen sie durch die Hawking-Strahlung zu zerfallen. Das Ende dieses Zeitalters, wenn also die letzten Supermassive Black Holes (die inzwischen zu Mini-Black-Holes geworden sind) explodieren werden, dürfte etwa in 10^{100} Jahren sein.[57] Mittlerweile sind dann auch alle anderen Objekte, ausgenommen manche leichte Elementarteilchen, teils direkt zerfallen, teils auf dem Umweg über ein Schwarzes Loch zerstrahlt.

453 Was kommt nach dem Zeitalter der Schwarzen Löcher?

Das Universum wird dann erneut vor allem aus Strahlung bestehen, die sich in alle Zukunft verdünnt. Dabei wird das Raum-Zeit-Kontinuum seine bisherige glatte Struktur verlieren, und in zunehmendem Maße „zerknittert" werden. Darüber hinaus lassen sich noch keine Berechnungen anstellen.

454 Was war vor dem Zeitalter der Hadronen?

Das läßt sich mit den gegenwärtigen Kenntnissen der Physik nicht genau sagen. Es wäre denkbar, daß eine große (unendliche?) Anzahl verschiedener extrem kurzer Zeitalter auf den Urknall folgten.

455 Wie sieht die Zukunft der Materie aus?

Zieht sich das Universum später wieder zusammen, so steigt die Temperatur gegen Ende dieses Vorgangs so stark an, daß alle Materie zerstört wird (die Sterne und Planeten verdampfen, später sogar die Atomkerne). Nur Schwarze Löcher würden bis zum Endknall erhalten bleiben, der schließlich alle Spuren ehemaliger Materie auslöschen müßte. Im anderen Fall, also bei einem ewig expandierenden Universum, hält die Materie ungleich länger. Aber es läßt sich zeigen, daß auch dann zu einem sehr späten Zeitpunkt (wann genau ist noch strittig) letztlich fast alle Materie in Strahlung umgewandelt würde und der Rest in Form leichter Elementarteilchen vorläge. Ein unzerstörbarer materieller Gegenstand ist physikalisch nicht vorstellbar.

456 Gibt es Leben auch anderswo im Weltall?

Das ist zu vermuten, allerdings noch nicht definitiv nachgewiesen. Eine Evolution, die wie auf der Erde höhere Lebewesen hervorgebracht hat, dürfte allerdings nicht besonders häufig sein, weil dafür eine Reihe begünstigender Details notwendig sind, die vermutlich nur selten mitsammen auftreten.

457 Gibt es auch außerirdische Zivilisationen?

Das wäre denkbar. Alle Versuche, solche aufzuspüren, sind jedoch bisher fehlgeschlagen. Offensichtlich sind sie mehr die Ausnahme als die Regel.

458 Wären Lebensformen im Universum denkbar, die wir gar nicht als solche erkennen würden?

Im Prinzip schon. Genauere und wissenschaftlich haltbare Vorstellungen sind diesbezüglich aber noch keine entwickelt worden.

459 Was ist eine Dyson-Schale?

Das ist eine Kugelschale von nur geringer Dicke (einige Meter), die eine fortgeschrittene Zivilisation rund um einen Stern errichten könnte, um dessen gesamte Strahlung auszunützen. Als Baustoff könnte etwa ein großer ehemaliger Planet dienen. Es ist sogar schon (erfolglos) versucht worden, solche Dyson-Schalen im Weltall aufzufinden.

460 Wie lange könnte eine Zivilisation im Universum überleben?

Jede Zivilisation verbraucht Energie, und benötigt daher eine Energiequelle. In unserem Fall ist das z. B. die Sonne. Solange es Sterne gibt, ist diese Form der Energieversorgung möglich. Im anschließenden Zeitalter der Schwarzen Löcher könnten diese dafür verwendet werden. Dabei gibt es drei Möglichkeiten: man kann ein Schwarzes Loch in einer Weise mit Materie „füttern", die die Umwandlung eines Teils dieser Materie in Energie erlaubt, es gibt die Möglichkeit, ein rotierendes Schwarzes Loch abzubremsen und ihm so Rotationsenergie zu entnehmen, und man kann schließlich zwei Schwarze Löcher unter Energiegewinn miteinander verschmelzen. Die Hawking-Strahlung hingegen dürfte für die technische Nutzung zu schwach sein. Spätestens nach dem Ende des Zeitalters der Schwarzen Löcher ist eine Zivilisation auf der Basis der heute bekannten Materie nicht mehr möglich.

461 Was ist das Anthropische Prinzip?

Darunter versteht man die Tatsache, daß zwar Universen denkbar wären, die sich sehr stark von unserem unterscheiden, daß es aber dennoch kein Zufall ist, daß wir uns gerade in diesem befinden. Es läßt sich nämlich zeigen, daß auch sehr kleine Änderungen der Naturkonstanten (z. B. Masseverhältnis Proton/Elektron und dergleichen) ein für Lebewesen unbewohnbares Weltall ergeben würden. Dennoch kann es solche Universen geben, nur enthalten sie eben keine Beobachter. In ähnlicher Weise läßt sich das Prinzip auch auf die zufälligen Eigenschaften der Erde (z. B. ihren Abstand von der Sonne) anwenden.

462 Was ist die Ereigniszeit?

Die gewöhnliche physikalische Zeit ist so definiert, daß die Dauer eines Zeitabschnitts proportional zur währenddessen von einem Lichtstrahl zurückgelegten Strecke ist. Ebenso willkürlich ließe sich festlegen, daß die Zahl der im Universum (bzw. im Raumgebiet bis zum Welthorizont) stattfindenden Quantenereignisse (z. B.: Zusammenstoß von Teilchen, Abstrahlung von Lichtquanten etc.) als Maß für die Länge eines zeitlichen Intervalls dienen soll. Für gewöhnliche physikalische Zwecke besteht zwischen diesen beiden Zeitmodellen kein nennenswerter praktischer Unterschied, wohl aber im Rahmen der Kosmologie. Die Zahl der Ereignisse ist nämlich abhängig von Temperatur und Dichte, weshalb die mittlere Dichte und Temperatur des Universums Einfluß auf den Ablauf der Ereigniszeit nehmen. Auf der Skala dieser Ereigniszeit hat, wie sich zeigen läßt, der Urknall nie stattgefunden, denn infolge der damals unendlich hohen Temperatur und Dichte ist seither auch unendlich viel Ereigniszeit verstrichen. Analoges gilt dann auch für einen allfälligen Endknall, dem unendlich viel Ereigniszeit vorangeht. Die (nach Normalzeit) ewige Zukunft eines offenen Universums ist jedoch mit so starker Abkühlung und Verdünnung verbunden, daß sie nur endlich viele Ereignisse enthält, weshalb es auf der Skala der Ereigniszeit einen distinkten Endpunkt eines offenen Universums gibt. Somit hängt die Zukunft des Universums nicht nur von seiner Geometrie, sondern auch von der gewählten Definition der Zeit ab. Ob die vom Menschen erfahrene psychologische Zeit besser durch das Licht- oder das Ereignismodell beschrieben wird, läßt sich gegenwärtig nicht entscheiden.

4. Kapitel
Diverses

463 Was ist Atlantis?

Atlantis ist der Name einer sagenhaften Insel im Atlantik mit einer bemerkenswerten Zivilisation, die schließlich infolge einer Katastrophe im Meer versank. Der älteste und berühmteste Bericht darüber stammt von Platon. Atlantis wurde bisher an verschiedenen Stellen der Erde vermutet, u. a. auf der Ägäis-Insel Thera (Santorin), die um 1500 v. Chr. (4500 HE) einen gewaltigen Vulkanausbruch erlebte, der möglicherweise die kretisch-minoische Kultur zerstörte. Im Einklang mit Äußerungen Edgar Cayces und angeregt durch seltsame archäologische Strukturen am Meeresboden der Insel Bimini, sucht die jüngere okkulte Tradition Atlantis im Bereich der Bahamas.

464 Was ist Atland?

1871 wurde eine in friesischer Sprache verfaßte Handschrift (das Oera Linda Buch) entdeckt, die sich über Generationen im Besitz der holländischen Familie Over de Linden befunden haben dürfte. Dem Mansukript zufolge existierte früher in Nordeuropa eine bemerkenswerte Zivilisation, die im Jahre 2194 v. Chr.[58] (3807 HE) durch eine Katastrophe zerstört wurde, und Atland hieß. Manche Gelehrte halten das Buch für eine Fälschung, auf alle Fälle aber ist sein Inhalt umstritten.

465 Was ist Mu?

Mu ist ein sagenhafter prähistorischer Kontinent im Pazifik, der eine hohe Zivilisation trug, und infolge einer vulkanischen Katastrophe unterging. Es gibt jedoch keine wissenschaftlichen Hinweise auf seine ehemalige Existenz.

466 Was ist Agarthi?

Das ist der Name einer sagenhaften Kultur, die (immer noch) in einem riesigen Höhlengebiet unter dem Himalaya existieren soll, und von verschiedenen okkulten Vereinigungen propagiert wird (z. B. Rosenkreuzer).

467 Was ist Shamballah?
Das ist der Name eines geheimnisvollen Ortes, der nach Ansicht verschiedener Okkultisten in Tibet oder der Wüste Gobi liegt, und in unterschiedlicher Weise mit irgendwelchen spirituellen Vorstellungen verknüpft wird. Der Begriff Shamballah dürfte kaum irgend eine geographische Bedeutung haben.

468 Was ist Lemuria?
Damit bezeichnet man einen hypothetischen erdgeschichtlichen Kontinent im Indischen Ozean. Okkulte Vorstellungen verknüpfen ihn mit einer durch eine Katastrophe untergegangenen Zivilisation.

469 Was ist das Bermuda-Dreieck?
Das ist ein Teil des Atlantiks vor der Südost-Küste der USA, in dem eine größere Anzahl von Schiffen und Flugzeugen unter mysteriösen Umständen verschwunden sein sollen. Es gibt keine allgemein anerkannte und befriedigende Erklärung für diese Vorkommnisse. Bekannt sind die Mutmaßungen von Charles Berlitz, der Zusammenhänge mit Überresten der sagenhaften Zivilisation von Atlantis annimmt. Nachforschungen durch L. D. Kusche deuten jedoch darauf hin, daß das angebliche Mysterium gar nicht existiert.

470 Was ist die Teufelssee?
Das ist die Bezeichnung für ein Meeresgebiet im Westpazifik (östlich von Japan), das einen ähnlichen Ruf genießt wie das Bermuda-Dreieck.

471 Was ist die Welteislehre?
Hanns Hörbiger stellte zu Beginn unseres Jahrhunderts eine Theorie auf, wonach kosmisches Eis der Schlüssel zum Verständnis aller astronomischen Fragen ist. Der Mond und die Planeten sind mit Eis bedeckt, Sonnenflecken werden durch abstürzende Eismassen verursacht, und sogar die Milchstraße besteht nicht aus Sternen, sondern aus glitzernden Eiskristallen. Bemerkenswert ist, daß sich die Welteislehre (kurz: WEL) trotz

ihrer wissenschaftlichen Unhaltbarkeit während der NS-Herrschaft in Deutschland offizieller Anerkennung erfreute.

472 Was ist die Hohlweltlehre?

Sie behauptet, daß die Erde keine feste Kugel im Raum, sondern eine Art kugelförmige Blase in fester Umgebung ist, und wir daher auf einer konkaven, nicht auf einer konvexen Kugelfläche leben. Sonne, Mond und Gestirne sind kleine Objekte im Inneren des Hohlraums, und alles, was dagegen spricht, wird durch besondere Eigenschaften des Lichts erklärt. Eine von C. R. Teed (genannt „Koresh") im vorigen Jahrhundert gegründete Religion ist auf diesem Weltbild aufgebaut. Es gibt allerdings auch nicht-religiöse Vertreter dieser Vorstellung. Zu unterscheiden ist diese Hohlweltlehre von der (ebenfalls falschen) Ansicht, daß unsere Erde, die wir außen bewohnen, innen hohl ist, und diese „Innenwelt" durch Öffnungen an den Polen betreten werden kann.[59]

473 Was ist die Flachweltlehre?

Das ist die Vorstellung, wonach die Erde keine Kugel, sondern eine flache Scheibe sei, insbesondere, wenn diese Ansicht in der jüngeren Vergangenheit geäußert wird. Meist wird angenommen, daß sich der Nordpol im Zentrum befindet, und der Südpol gar nicht existiert. Das auslösende Moment für dieses Weltbild ist zumeist ein besonders naiver Glaube an die Bibel.

474 Was sind Marskanäle?

Der Astronom G. V. Schiaparelli beobachtete im vorigen Jahrhundert seltsame Verbindungslinien zwischen bestimmten Teilen der Marsoberfläche, und nannte sie „canali". Das beflügelte die Phantasie jener, die darin künstliche Gebilde und einen Hinweis auf eine Mars-Zivilisation sahen (insbesondere Percival Lowell). Es konnte später gezeigt werden, daß es sich lediglich um optische Täuschungen handelte.

475 Was ist Vulkan?

So wurde ein angeblich innerhalb der Merkurbahn befindlicher weiterer Planet bezeichnet. Trotz mehrerer angeblicher Beobachtungen ist man heute ziemlich sicher, daß es keinen solchen Planeten gibt.

476 Gab es zwischen Mars und Jupiter früher einen weiteren, jetzt zerstörten Planeten?

Zwischen Mars und Jupiter kreisen einige zehntausend sogenannte Planetoiden um die Sonne. Das sind relativ kleine Objekte (der größte, Ceres, hat etwa 700 km Durchmesser). Es wurde immer wieder vermutet, daß es sich dabei um Bruchstücke eines explodierten Planeten handelt. Einer der Gründe für diese Annahme war das Titius-Bode'sche Gesetz, das die Abstände der Planeten von der Sonne recht gut beschreibt, und das in der Entfernung der Planetoiden einen Planeten vorsieht. Da jedoch die Gesamtmasse der Planetoiden nur etwa ein Tausendstel der Erdmasse beträgt, nimmt man heute an, daß sich in dieser Entfernung beinahe ein Planet gebildet hätte, der aber wegen der geringen Masse dann doch nicht zustande kam.

477 Wurde die Erde früher von gewaltigen Meteoriten getroffen?

Ja. Nicht nur die Erde, sondern alle Planeten wurden vor Jahrmilliarden mit verhältnismäßig großen interplanetaren Massen bombardiert. Ein Beweis dafür sind die riesigen Krater auf dem Mond[60] und jenen Planeten, die keine Verwitterung kennen. Auf der Erde sind diese Spuren vernichtet, und nur geologisch sehr junge Meteoritenkrater (z. B. das Nördlinger Ries in Bayern oder der Cañon Diablo in Arizona) sind heute noch zu sehen.[61] Junge Meteoritenkrater sind aber eher klein, denn die meisten großen Massen sind bereits früher mit einem Planeten zusammengestoßen. Es gibt aber auch auf der Erde noch Hinweise auf ehemalige Riesenkrater, und zwar überall dort, wo große kreisbogenförmige Bruchlinien auftreten, die andernfalls geologisch unerklärlich wären. (Man nennt eine solche Struktur „Astron"). Beispiele dafür sind u. a. die gebogenen Küsten Westafrikas oder Südchinas.

478 War das Mittelmeer früher eine trockene Wüste?

Ja. Das Mittelmeer verliert mehr Wasser durch Verdunsten, als die Flüsse zuliefern. Aus diesem Grund strömt ständig Wasser aus dem Atlantik durch die Meerenge von Gibraltar ein. Würde man diese Meerenge verschließen, so wäre eine gewaltige Salzwüste nach etwa tausend Jahren die Folge. Es läßt sich nachweisen, daß diese Situation vor Jahrmillionen schon mehrmals bestand. Die Wiederauffüllung erfolgte dann nach einer plötzlichen (geologisch bedingten) Öffnung bei Gibraltar in Form einer ungeheuren Flutkatastrophe.

479 Ist es möglich, daß Krankheitskeime aus dem Weltraum auf der Erde Epedemien verursachen?

Es gibt eine Theorie, wonach biologisch bedeutsame Moleküle oder gar Sporen durch den interstellaren Raum fliegen (angetrieben durch den Druck des Sternenlichts). Wahrscheinlich ist das Leben (oder eine Vorstufe dazu) sogar im Weltall entstanden, bevor es vor einigen Milliarden Jahren erstmals auf der Erde Fuß fassen konnte, als diese bereits stark genug abgekühlt war. Die Vorstellung jedoch, daß manche Epedemien kosmische Ursachen haben (z. B. ausgelöst durch mikroskopische Meteoriten)[62], wird nur von wenigen Gelehrten vertreten.

480 Wird die Schwerkraft langsam schwächer?

Möglicherweise. Auf der Erde ist davon zwar nichts zu spüren, aber manche astronomische Untersuchungen deuten darauf hin, daß die Stärke der Schwerkraft (ausgedrückt durch die sogenannte Gravitationskonstante) im Lauf von Jahrmilliarden geringer wird.

481 Was sind Tektite?

Tektite sind rätselhafte, glasartig geschmolzene Steine, die nur in bestimmten Regionen der Erdoberfläche gefunden werden (z. B. die Moldavite in Böhmen). Es läßt sich beweisen, daß die Luftreibung beim Flug ihre Gestalt und Beschaffenheit bewirkt hat. Meteoriten können es jedoch nicht sein, denn sonst müßten sie über die ganze Erde verstreut auftreten. Man nimmt heute an, daß sie entweder vom Mond oder von der Erde stammen, und irgendwie mit dem Einschlag großer Meteoriten im Zusammenhang stehen. Beispielsweise sind die Moldavite ebenso alt wie das 500 km entfernte Nördlinger Ries, das durch den Aufprall eines gewaltigen Meteoriten entstand.

482 Was sind UFOs?

UFOs ist die Abkürzung für „Unknown Flying Objects" (= unbekannte fliegende Gegenstände). Sie werden auch „Fliegende Untertassen" genannt, obwohl auch andere als flache, scheibenartige Formen berichtet werden. Die übliche Vorstellung, daß es sich dabei (zumindest bei einigen) um Raumschiffe außerirdischer Zivilisationen handelt, ist wissenschaftlich gesehen zwar nicht sehr wahrscheinlich, aber auch nicht zu widerlegen. Mitunter sollen auch Landungen und Kontakte mit der Besatzung solcher Flugkörper stattgefunden haben. Es gibt jedoch keinen Fall, der wissenschaftlich allgemein Anerkennung gefunden hätte.[63]

483 Was ist das Sirius-Mysterium?

„The Sirius Mystery" ist der Titel eines Buches von K. G. Temple. Er schreibt darin, daß der in Mali (Afrika) lebende Stamm der Dogon Überlieferungen besitzt, wonach vor Jahrtausenden ein Besuch von außerirdischen Wesen aus der Gegend des Sirius stattgefunden hätte. Interessant ist, daß die Dogon von der Existenz des mit freiem Auge unsichtbaren Weißen Zwergsterns Sirius B wußten, der den Astronomen erst seit einigen Jahrzehnten bekannt ist, und der 1970 erstmals photographiert wurde. Sie wußten auch Bescheid über verschiedene Details dieses Objekts, die astronomisch richtig sind (sehr klein, schwer, Umlaufszeit um den hellen Sirius A von 50 Jahren u. a.). Manche Informationen (z. B. bezüglich einer dritten Komponente, Sirius C) lassen sich z. Z. nicht überprüfen.

484 Was war der Tunguska-Meteor?

Am 30. Juni 1908 stürzte ein unbekanntes Objekt auf Sibirien (nahe der Steinigen Tunguska) und richtete gewaltige Verwüstungen an. (Beispielsweise wurden 2 000 km² Wald durch die Schockwelle flachgedrückt.) Gegen die ursprüngliche Theorie eines Riesenmeteoriten spricht die Tatsache, daß im Zentrum der Zerstörungen kein Krater und auch kein meteoritisches Material gefunden wurde. Möglicherweise war es ein Komet, aber auch Antimaterie, ein UFO, oder ein mikroskopisches Schwarzes Loch wurden bereits ernsthaft in Erwägung gezogen.

485 Was war die Sibirische Finsternis?

Am 18. September 1938 wurde in weiten Gebieten östlich der Mündung des Ob beidseits des Polarkreis eine bisher unerklärliche Dunkelheit beobachtet. Sie dauerte mehrere Stunden und bewirkte an manchen Stellen vollständige Finsternis. Wahrscheinlich war die Ursache eine nicht näher bekannte schwarze Wolke aus dem Weltraum.

486 Was ist ein Kugelblitz?

Das ist ein sehr seltenes, atmosphärisches Phänomen. Es handelt sich um eine faust- bis kopfgroße leuchtende Kugel, die sich nahe dem Erdboden durch die Luft bewegt. Das Phänomen tritt zumeist während eines Gewitters auf, und es werden rote, orange oder gelbe Farben, sowie mitunter zischende Geräusche wahrgenommen. Manchmal wird von Schäden berichtet, oder davon, daß Kugelblitze bewegte Objekte (Menschen, Autos) verfolgen und durch Schlüssellöcher oder Kamine in Häuser eindringen. Es ist bis heute nicht gelungen, dieses Phänomen physikalisch befriedigend zu erklären.

487 Gibt es das Ungeheuer von Loch Ness?

Höchstwahrscheinlich ja. Allerdings muß es sich um mehrere Exemplare handeln, denn es wurde seit Jahrhunderten gelegentlich beobachtet. Wissenschaftliche Untersuchungen, die insbesondere Roy Mackal unternahm, zeigten, daß am Grund des Sees große unbekannte Lebewesen existieren, die nur selten nach oben kommen. Als zoologische Bezeichnung wurde schon vor längerer Zeit der Name Nessiteras Rhombopteryx vorgeschlagen (im Anklang an das volkstümliche „Nessie"). Ähnliche Tiere könnten auch in anderen Seen Schottlands und Irlands leben, wie manche Sichtungen vermuten lassen.

488 Was ist der Yeti?

Der Yeti ist ein sagenhafter Schneemensch bzw. eine unbekannte Tierart im Himalaya. Seit 1921 wurden (vor allem in Nepal) immer wieder unerklärliche Fußabdrücke gefunden, die auf den Yeti zurückgeführt werden. Was es tatsächlich damit auf sich hat, ist z. Z. schwer zu entscheiden.[64]

489 Was ist Bigfoot?

Damit ist ein sagenhaftes Lebewesen in den Rocky Mountains gemeint, das in Kanada auch Sasquatch heißt. Es soll sich nicht wesentlich vom Yeti unterscheiden.

490 Was ist der Kensington-Stein?

1898 wurde in Minnesota (USA) ein 90 kg schwerer, mit skandinavischen Runen versehener Stein gefunden. Der Inschrift nach zu schließen stammt er von einer Expedition aus Vinland und wurde 1362 beschrieben. Die Frage seiner Echtheit ist bis heute umstritten.

491 Was ist der Piltdown-Mensch?

Piltdown ist eine Gegend nahe Lewes in England, wo 1912 Überreste eines prähistorischen Menschen gefunden wurden. Dieser Piltdown-Mensch erhielt die wissenschaftliche Bezeichnung Eoanthropus Dawsoni. Seine seltsamen anatomischen Details waren biologisch unverständlich und führten zu jahrzehntelangen Auseinandersetzungen. Erst in den 50er Jahren konnte eindeutig nachgewiesen werden, daß es sich um eine äußerst geschickte Fälschung handelt, deren Urheber bis heute unbekannt ist.

492 Was ist Pyramidenenergie?

Angeblich hat die geometrische Gestalt eines hohlen, pyramidenförmigen Körpers Einfluß auf die darin befindlichen Objekte. Es wird u. a. behauptet, man könne auf diese Weise gebrauchte Rasierklingen wieder schärfen. Der Effekt dürfte (abgesehen von möglichen PK-Komponenten) im wesentlichen auf Einbildung zurückgehen.[65]

493 Was ist Biorhythmik?

Einer verbreiteten Vorstellung zufolge, existieren streng periodische, langsame Schwingungen im Leben eines Organismus, die sich gegenseitig überlagern. Sie werden herangezogen, um Schwankungen in der Stimmung und Leistungsfähigkeit des Menschen zu erklären. Die bisherigen wissenschaftlichen Untersuchungen konnten den Effekt jedoch nicht nachweisen.

494 Wer war Kaspar Hauser?

Kaspar Hauser war ein rätselhaftes Findelkind von möglicherweise adeliger Herkunft. Er wurde 1828 in Nürnberg in verwahrlostem Zustand aufgefunden, und war nach eigenen Angaben bis dahin in einem dunklen Verschlag verwahrt worden. Der Fall erregte damals erhebliches Aufsehen. 1833 wurde er erstochen, sein Mörder aber nie gefunden. Angeblich besaß Kaspar Hauser auch bemerkenswerte ASW-Fähigkeiten.

495 Was ist das Leichentuch von Turin?

Nach christlicher Überlieferung handelt es sich um das Leichentuch, in das Jesus zwischen seiner Grablegung und Auferstehung eingewickelt war. Es wird heute in Turin aufbewahrt und zeigt schwach das Abbild einer menschlichen Figur. Wissenschaftliche Untersuchungen ergaben erstaunlicherweise, daß es im Gegensatz zu den meisten anderen Reliquien wahrscheinlich keine Fälschung ist. Die Entstehung des Bildes ist völlig unerklärlich (Farbstoffe oder chemische Reaktionen infolge des Kontakts mit der Leiche scheiden aus). Am ehesten ist eine Art Strahlungsvorgang mit den Meßdaten vereinbar. Vielleicht handelt es sich um einen parapsychologischen Effekt. Dieser könnte auch gleichzeitig der historische Kern der Sage von der „Auferstehung" Jesu sein.

496 Was ist die Hypothese der formativen Verursachung?

Der englische Biologe Rupert Sheldrake entwickelte die Vorstellung, daß in Fällen, wo verschiedene Verhaltensweisen der Natur physikalisch gleichberechtigt sind (d. h. gleich wahrscheinlich auftreten müßten, weil zwischen ihnen kein energetischer Unterschied besteht), jedes tatsächliche Ereignis die Wahrscheinlichkeiten für die Zukunft in seinem Sinne verändert. Wird beispielsweise eine neue chemische Substanz synthetisiert (die vorher noch nirgendwo existiert hat) und erstmals auskristallisiert, so entscheidet der Zufall, welche aus einer Reihe gleichwertiger Kristallstrukturen entsteht. Diese neue Form bildet um sich ein sogenanntes morphogenetisches (= formerzeugendes) Feld aus, das sich ohne nennenswerte Abschwächung im Universum ausbreitet. Jedes weitere Experiment derselben Art ist dann bereits von diesem Feld beeinflußt, was

„morphische Resonanz" genannt wird. Berühmt wurde die Hypothese Sheldrakes dadurch, daß sie Voraussagen macht, die im Experiment bestätigt oder widerlegt werden können. Danach sollten sich neuartige Kristalle im Lauf der Zeit schneller bilden, als zu Beginn (infolge der Unterstützung durch das Feld), was sich in der Tat beobachten läßt, aber ebenso auf Verunreinigung durch mikroskopische Partikeln aus schon bestehenden Kristallen zurückgeführt werden kann. Auch das Erlernen eines neuen Verhaltensmusters durch Tiere sollte in ähnlicher Weise immer leichter werden, wofür es ebenfalls Hinweise bei Rattenversuchen gibt. Die Argumente sind allerdings zu schwach, um eine Hypothese akzeptierbar zu machen, die sich nicht in das heutige naturwissenschaftliche Weltbild einfügt.

497 Ist der mitunter beobachtete „Blutregen" ein paranormales Phänomen?
Nein. Es handelt sich dabei um Pflanzenpollen oder rötlichen Sand (der z. B. aus der Sahara nach Europa vertragen wird), wodurch eine Rotfärbung der Regentropfen eintritt.

498 Was ist Präastronautik?
Dieser Ausdruck bezeichnet die Theorie, wonach in prähistorischer Zeit Angehörige fremder Zivilisationen im Weltraum auf der Erde gelandet wären und Einfluß auf die Entstehung der Kulturen genommen hätten. Diese Vorstellung ist zwar prinzipiell nicht unvernünftig, die dafür vorgebrachten Argumente sind allerdings durchwegs nicht sehr stichhaltig (insbesondere nicht in der geläufigen, von Erich von Däniken popularisierten Form).

499 Wer war Madog?
Madog ab Owain Gwynedd war der (historisch nicht sicher nachgewiesene) Sohn des walisischen Prinzen Owain Gwynedd. Er soll angeblich im 12. Jahrhundert nach Nordamerika gereist sein. Es wird verschiedentlich vermutet, daß die von ihm geführte Expedition das obere Missouri-Tal erreichte und dort den Stamm der Mandan-Indianer begründete. Es gibt dort Erzählungen von „weißen Indianern" sowie Berichte über Kontakte von Weißen mit walisisch-sprechenden Eingeborenen.

Ein anderer, dem mitunter eine Fahrt nach Amerika im 6. Jahrhundert nachgesagt wird, ist Brendan von Clonfert (St. Brendan), ein Ire, der weite Reisen im Nordatlantik unternahm.[66]

500 Was ist Kreationismus?

Es ist dies die Hypothese, wonach das Universum, die Erde und die Lebewesen sich nicht über Jahrmilliarden langsam entwickelt hätten, sondern vor wenigen tausend Jahren in fertigem Zustand plötzlich entstanden sind.[67] Der Name Kreationismus geht darauf zurück, daß fast alle Anhänger dieser Vorstellung die Überzeugung hegen, ein göttlicher Schöpfungsakt (oder eine Reihe solcher Akte) hätte die Welt ins Dasein treten lassen, ganz so, wie es in der Bibel geschrieben steht. Das Skurrile an der ganzen Sache ist vor allem die Tatsache, daß der Kreationismus noch heute (in den 80er Jahren dieses Jahrhunderts) in den Vereinigten Staaten viele Anhänger zählt, die durch Verfassungsprozesse versuchen, Einfluß auf Schulen und Universitäten zu nehmen.[68] Obwohl die biblische Schöpfungsgeschichte wissenschaftlich gesehen völliger Unsinn ist, sind deren Vertreter in Amerika dennoch gezwungen (pseudo-)wissenschaftliche Argumente vorzubringen, weil theologische vor Gericht nicht anerkannt werden.

Oft wird argumentiert, daß entweder alle Fossilien Fälschungen sind (wie es in einem Fall, dem des Piltdown-Schädels, tatsächlich zutraf)[69], oder daß die Saurier eben in der Sintflut ertrunken sind, bevor die heutigen Tiere und der Mensch erschaffen wurden.[70] Außerhalb des Gerichtssaals wird oft auch die Ansicht vertreten, der Teufel hätte alle Beweisstücke, die für die moderne Wissenschaft (und insbesondere die Evolutionslehre Darwins) sprechen, absichtlich verstreut, um die Menschen in ihrem christlichen Glauben schwankend zu machen.[71]

501 Ist künstliches Leben möglich?

Nach allem, was wir heute wissen, ist „Leben" ein bestimmter Zustand der Materie, in welchem eine komplizierte innere Struktur sie in die Lage versetzt, eine Reihe von „Lebensfunktionen" auszuüben. Dazu zählen beispielsweise die Nutzung äußerer Energiequellen zur Aufrechterhaltung dieser (dynamischen und deshalb energieverbrauchenden) inneren Struktur (etwa durch Aufnahme von Nahrung oder Sonnenlicht), die Fähigkeit, auf äußere Reize zu reagieren und die Möglichkeit, die eigene Struktur auf andere Materie zu übertragen (worauf Wachstum und Fortpflanzung beruhen). In diesem Sinne ist ein Automat (also z. B. ein Computer), der dieselben Funktionen erfüllen kann, eigentlich als Lebewesen zu betrachten. Fordert man zusätzlich noch, daß künstliches Leben von natürlichem äußerlich und auch chemisch ununterscheidbar (und außerdem nur aus anorganischen Grundstoffen hergestellt) sein muß, dann ist ein derariges Projekt infolge der ungeheuren Komplexität der Zellbestandteile und unserer noch mangelhaften Kenntnisse darüber heute noch völlig undurchführbar. Es ist allerdings kein Grund bekannt, warum die künstliche Herstellung organischen Lebens nicht in Zukunft einmal möglich sein könnte. Es ist dies zwar ein außerordentlich schwieriges, aber letztlich doch bloß technisches Problem.

502 Gibt es nicht eine Art außerphysikalische „Lebenskraft", die die künstliche Erzeugung von organischem Leben verhindern würde?
Seit Jahrtausenden ist diese „Lebenskraft" (meist Entelechie genannt) immer wieder postuliert worden. Die Hypothese ihrer Existenz konnte jedoch wissenschaftlich nicht erhärtet werden und gilt heute allgemein als falsch. Aber selbst, wenn es eine solche Kraft geben sollte, wäre sie nur in dem Sinn außerphysikalisch, daß sie eben den heutigen Physikern noch nicht bekannt ist. Nach ihrer allfälligen Entdeckung wäre sie ganz einfach eine jener Kräfte, mit denen sich die Physik zu beschäftigen hätte. Einen verhindernden Einfluß auf die Herstellung künstlichen Lebens würde sie aber sicherlich nicht haben, weil sie ja andernfalls auch die Entstehung des Lebens aus anorganischer Materie vor einigen Milliarden Jahren verhindert hätte.

503 Ist künstliche Intelligenz möglich?
Für den Begriff Intelligenz gibt es keine verbindliche Definition. Tatsache ist aber, daß es heute bereits Computer gibt, die im Hinblick auf die Lösung bestimmter Probleme ein Verhalten zeigen, das man vor hundert Jahren noch ohne Zögern als

intelligent betrachtet hätte. Da jedoch nicht einzusehen ist, warum eine Fähigkeit nicht mehr als Intelligenz gewertet werden soll, bloß weil sie auch einer Maschine zukommen kann, muß die gestellte Frage bejaht werden: künstliche Intelligenz (zumindest bis zu einem bestimmten Ausmaß) gibt es bereits. Und in der künftigen Weiterentwicklung dieser maschinellen Intelligenz ist auch bis heute keine Grenze abzusehen.

504 Ist zu erwarten, daß Computer den Menschen geistig überholen werden?
In Teilbereichen sicherlich. Sie sind z. B. vielfach schneller, können kompliziertere Probleme lösen, ohne von zu vielen Details verwirrt zu werden und sie besitzen auch ein viel größeres Merkvermögen. Das bedeutet aber noch nicht, daß ihnen alle geistigen Bereiche des Menschen zugänglich sind. Eine (halb scherzhafte) Festlegung lautet: „Wenn ich mich eine Stunde lang am Telephon mit einem Computer über Philosophie und Kunst unterhalten kann, und dann immer noch nicht weiß, ob mein Gesprächspartner ein Mensch oder eine Maschine ist, dann haben uns die Computer geistig eingeholt." Die Sache ist aber in Wirklichkeit etwas komplizierter, weil unterschieden werden muß zwischen geistigen Fähigkeiten, die jemand besitzt, und solchen, die er bloß erfolgreich vorzutäuschen vermag. Dennoch könnte die Unterscheidung bei fortgeschrittenen Fähigkeiten der Simulierung sehr schwierig, wenn nicht gar unmöglich werden.

505 Ist eine Psyche im esoterischen Sinn auch bei einem Computer denkbar?
Prinzipiell ja. Betrachtet man z. B. den menschlichen Körper als materiellen Träger oder Partner eines ihn steuernden immateriellen Bewußtseins, das auch von ihm getrennt existenzfähig ist, so ist es naheliegend, die Fähigkeit des Körpers, eine solche Verbindung einzugehen, auf Eigenschaften seines Gehirns zurückzuführen. Die einzige dabei in Frage kommende Eigenschaft ist dessen kybernetische Struktur (anders ausgedrückt: sein Schaltplan). In ähnlicher Weise ist etwa auch ein Radio nur durch seinen Schaltplan in der Lage, von einem entfernten Sender gesteuert zu werden. Gelingt es aber einmal, einen so

hoch entwickelten Schaltplan, wie jenen des menschlichen Gehirns auf einen Computer zu übertragen, so würde dieser Vorgang vermutlich ähnliche Inkarnierungseffekte auslösen wie die Entwicklung eines menschlichen Embryos. Zumindest läßt sich diese Möglichkeit nicht ausschließen.

Appendix I
Statistische Methoden der Parapsychologie

Bei jedem statistischen parapsychologischen Experiment gibt es ein (theoretisches) Ergebnis, das von allen möglichen Ergebnissen die höchste Wahrscheinlichkeit besitzt. Es heißt Mean Chance Expectation (MCE, = mittlere Zufallserwartung). Wird beispielsweise 60mal gewürfelt, so beträgt die MCE für das Eintreten eines Sechsers 60/6 = 10. Bei einem Satz von 25 Zener-Karten mit 5 Symbolen beträgt die wahrscheinlichste Trefferzahl entsprechend MCE = 25/5 = 5.

Selbstverständlich wird in den meisten Fällen nicht genau die MCE als Ergebnis auftreten, sondern irgend ein Wert in ihrer Umgebung. Die parapsychologisch interessante Frage lautet jetzt: wie wahrscheinlich ist es, daß die beobachtete Abweichung die Folge reinen Zufalls ist, bzw. daß nicht-zufällige Faktoren (z. B. Psi) im Spiel sind. Da es keine dritte Möglichkeit gibt, ist die Summe der beiden Wahrscheinlichkeiten genau gleich eins. Bezeichnen wir die Zufallswahrscheinlichkeit als P und die Antizufallswahrscheinlichkeit als Q, so gilt: $P + Q = 1$.

Bemerkung: Die mathematische Wahrscheinlichkeit ist stets eine Zahl zwischen 0 und 1. Dabei bedeutet 0, daß ein Ereignis unmöglich, 1 daß es sicher ist. Wenn zwei Alternativen einander ausschließen (wie in unserem Fall reiner Zufall und nicht reiner Zufall), so ist die Summe der beiden Einzelwahrscheinlichkeiten gleich der Wahrscheinlichkeit, daß eins der beiden eintritt. $P + Q = 1$ bedeutet also nichts weiter als: „mit Sicherheit (1) ist entweder nur Zufall (P) oder auch etwas anderes (Q) im Spiel".

Was wir jetzt brauchen, ist eine Methode, die es uns gestattet, P oder Q für jede beliebige Abweichung zu ermitteln. Dazu ist es vorerst einmal notwendig, das Versuchsergebnis in die richtige mathematische Form zu bringen, wofür wir den Begriff „Freiheitsgrad" brauchen. Ein Freiheitsgrad ist jede Größe, die (neben anderen Größen) den Zustand eines Objekts charakterisiert, und die beliebige Werte annehmen kann, ohne die Definition des Objekts zu verletzen.

Dazu ein Beispiel: das Objekt sei definiert als ein beliebiger geographischer Punkt. Offenbar gibt es genau 3 Zahlen, um den Zustand dieses Punktes (= seine Lage) festzulegen, nämlich die 3 Ortskoordinaten (geographische Länge und Breite, Seehöhe). Ändert man eine der 3 Zahlen, und läßt die beiden anderen gleich, so erhält man zwar einen anderen, aber nach wie vor einen gültigen geographischen Punkt. Anders verhält es sich mit dem Begriff „Punkt auf der Erdoberfläche". Hier kann man zwar immer noch Länge und Breite beliebig wählen, aber hat man das einmal getan, so ist damit die Meereshöhe ebenfalls bereits festgelegt (nämlich als die Höhe, die der betreffende Punkt jeweils besitzt). Eine willkürliche Festlegung aller 3 Werte würde in den meisten Fällen einen geographischen Punkt ergeben, der nicht auf, sondern oberhalb oder unterhalb der Erdoberfläche liegt. Ein Punkt auf der Erdoberfläche (wie auf jeder Fläche) hat also nur 2 Freiheitsgrade.

Wenden wir jetzt diesen Begriff auf statistische Versuche an. Das Werfen von Münzen („Kopf oder Adler") hat einen Freiheitsgrad. Wirft man z. B. 100mal, so ist die Häufigkeit des Ereignisses „Kopf" unbestimmt. Bestimmt man sie jedoch, und erhält, sagen wir, 52 „Kopf"-Ereignisse, so sind die „Adler"-Ereignisse sofort mit 48 festgelegt. Jede andere Zahl wäre ein Widerspruch zur Aussage über die 100 Würfe. Aus demselben Grund hat das Würfelspiel 5 Freiheitsgrade, denn erst wenn man weiß, daß von 100 Würfen soundsoviele Einser, Zweier, Dreier, Vierer und Fünfer erzielt wurden, läßt sich mit Sicherheit die Anzahl der Sechser berechnen. Bei den Zener-Karten ist die Zahl der Freiheitsgrade entsprechend 4. Allerdings kann man die beiden letzten auch unter Verwendung von nur einem Freiheitsgrad beschreiben, indem man die Ergebnisse nicht auf die verschiedenen Symbole verteilt, sondern nur auf die beiden Möglichkeiten Treffer oder Niete.

Diesen besonders einfachen Fall wollen wir gleich einmal behandeln. Bei nur einem Freiheitsgrad erfolgt die Ermittlung von P (bzw. Q) durch Berechnung der sogenannten Critical Ratio (CR, = kritisches Verhältnis). Die Formel dafür lautet:

$$CR = \frac{\Delta}{\sqrt{np\,(1-p)}}$$

Dabei ist Δ die beobachtete Abweichung von der MCE, n die Zahl der Würfe und p die Wahrscheinlichkeit für einen Treffer.

Ein Beispiel: bei 12maligem Würfeln sollen möglichst viele Sechser erreicht werden. Angenommen es gelingen 4, dann ist n = 12 und p = 1/6. Die MCE ist 12/6 = 2 und daher gilt Δ = 4 − 2 = 2 (bei 0 Treffern wäre Δ = −2, aber das Vorzeichen ist ohne Belang). Somit ergibt sich (nach Einsetzen dieser Werte in die obige Formel) das gerundete Ergebnis CR = 1,549.

Bei mehreren Freiheitsgraden ist der Begriff CR sinnlos. Deshalb wird dabei eine andere Hilfsgröße berechnet, die χ^2 heißt (Pearson'sches Chi-Quadrat). Die Formel lautet:

$$\chi^2 = \Sigma \; [(B - E)^2 / E]$$

Dabei ist B die beobachtete und E die dazugehörige erwartete Häufigkeit (= MCE) eines möglichen Ereignisses. Das Symbol Σ („Sigma") bedeutet, daß die Ergebnisse bei der Berechnung des rechts davon stehenden Ausdrucks (in diesem Fall $\{B - E\}^2 / E$) für alle möglichen Ergebnisse aufsummiert werden müssen.

Ein Beispiel: bei 100maligem Würfeln soll versucht werden, möglichst viele hohe, und möglichst wenige niedrige Augenzahlen zu erreichen. Angenommen es ergibt sich folgende Verteilung: 0 Einser, 3 Zweier, 11 Dreier, 20 Vierer, 25 Fünfer und 41 Sechser. Dann gilt in jedem Fall E = 100/6 = 16⅔, während B der Reihe nach die Werte $B_1 = 0$, $B_2 = 3$, ... $B_6 = 41$ annimmt. Damit ergibt sich gerundet:

$$\chi^2 = 16{,}667 + 11{,}702 + 1{,}927 + 0{,}667 + 4{,}167 + 35{,}527 = 70{,}16.$$

Übrigens: wendet man die χ^2-Formel auf Versuche mit nur einem Freiheitsgrad an, so gilt die Entsprechung $\chi^2 = (CR)^2$.

Der nächste Schritt ist jetzt die Umwandlung von χ^2 (bzw. CR) in P oder Q. Dazu bedient man sich in der Praxis gewöhnlich gedruckter Tabellen, in denen diese Werte für die verschiedenen Freiheitsgrade abgelesen werden können. Für Alltagszwecke (z. B. in der Technik) genügt es meist, festzustellen, ob Q größer als 0,95 (oder 0,99) ist, um die Existenz nicht-zufälliger Faktoren als hinreichend bewiesen zu betrachten. In der Parapsychologie hingegen werden auch Werte von Q, die sehr nahe bei 1 liegen (d. h. sehr kleine P) noch genau angegeben.

Hinweise für mathematisch Vorgebildete:

- Im Fall kontinuierlicher Verteilung läßt sich der χ^2-Test anwenden, indem der gesamte Wertebereich in k (willkürliche) Intervalle zerteilt wird. Die Zahl der Freiheitsgrade ist dann $v = k - s$, wobei s eine für die zugrundeliegende statistische Hypothese charakteristische Zahl ist. Dabei gilt s = 1 + Zahl der Verteilungsparameter. Daraus ergibt sich bei festen Proportionen wie z. B. Gleichverteilung: s = 1 + 0, bei Gaußverteilung mit μ und σ: s = 1 + 2 = 3 oder bei einer Poissonverteilung mit $\mu = \sigma$: s = 1 + 1 = 2.

- Es ist darauf zu achten, die Zerlegung so zu wählen, daß kein B oder E kleiner als 5 wird. Die Summe ΣB bzw. ΣE soll nicht unter 50 liegen. Aus diesem Grund würde das vorhin gegebene Rechenbeispiel mit den 4 Sechsern unter 12 Würfen zwar formal ein Q von ca. 88 % ergeben, es dürfte aber gar nicht durchgeführt werden und ist als sinnlos zu betrachten.

- Bei diskontinuierlicher Verteilung und wenigen Freiheitsgraden ist die Yates'sche Korrektur anzubringen, wodurch jedes B zu B − ½ erniedrigt wird.

- Die gesuchte Antizufallswahrscheinlichkeit Q kann auch ohne Tabelle direkt berechnet werden. Für geradzahlige v gilt mit $m = \chi^2/2$ und $c = v/2$ eine besonders einfache Formel:

$$Q(\chi^2|_v) = e^{-m} \sum_{i=0}^{c-1} \frac{m^i}{i!}$$

Beispielsweise gilt für $v = 2$

$$Q(\chi^2|_2) = e^{-m}$$

Für ungerade (und gerade) v gilt die allgemeine Formel:

$$Q(\chi^2|_v) = \{\Gamma(c)\}^{-1} \int_{t=m}^{\infty} e^{-t} t^{c-1} dt$$

Dabei ist die Gammafunktion Γ definiert als

$$\Gamma(x) = \int\limits_{t=0}^{\infty} e^{-t} t^{x-1} \, dt$$

wobei für ganzzahlige x gilt: $\Gamma(x) = (x-1)!$ Für ungerade v ist dabei folgende Formel zu beachten:

$$\Gamma(n + \tfrac{1}{2}) = \frac{(2n)! \sqrt{\pi}}{n! \, 2^{2n}}$$

Appendix II
Das Leben nach dem Tod –
Ein Erlebnisschema

Raymond Moody veröffentlichte das folgende Mustererlebnis in seinem Werk „Life After Life". Dabei handelt es sich um eine künstliche Zusammenfügung aller häufig berichteten Erfahrungselemente, die jedoch in dieser vollständigen Version von niemandem erzählt wurde. (Die Übersetzung aus dem Englischen schrieb Erika Gossler.)

Ein Mensch stirbt. Im Augenblick größter körperlicher Not hört er, wie ihn sein Arzt für tot erklärt. Dann vernimmt er ein unangenehmes Geräusch, ein lautes Klingen oder Summen, und spürt, wie er sich währenddessen schnell durch einen langen, dunklen Tunnel bewegt. Plötzlich findet er sich außerhalb seines physischen Körpers, aber noch in nächster Nähe davon, wieder und sieht seinen Körper, als wäre er ein Zuschauer. Von seinem ungewöhnlichen Standpunkt aus betrachtet er auch die Wiederbelebungsversuche. Er ist emotional aufgewühlt. Nach einer Weile sammelt er sich und gewöhnt sich langsam an die sonderbare Situation. Er bemerkt, daß er immer noch einen „Körper" besitzt, der aber sehr verschieden von dem ist, den er zurückgelassen hat, und er verfügt auch über andere Fähigkeiten. Bald geschehen noch weitere Dinge. Andere „Geister"-Wesen kommen, um ihn zu begrüßen und ihm zu helfen. Er sieht auch verstorbene Verwandte und Freunde und ein „Lichtwesen", das Wärme, Liebe und Geborgenheit ausstrahlt, aber völlig fremdartig ist, erscheint vor ihm. Wortlos stellt ihm dieses Lichtwesen eine Frage: er soll sein bisheriges Leben bewerten. Es hilft ihm dabei, indem es ihm ein augenblickliches, rundblickartiges Playback der wichtigsten Ereignisse seines Lebens zeigt. Dann nähert er sich einer Art Schranke, anscheinend der Grenze zwischen dem irdischen und dem kommenden Leben. Doch er erkennt, daß er auf die Erde zurück muß, daß seine Zeit zu sterben noch nicht gekommen ist. Er sträubt sich, denn er ist beeindruckt von seinen Erfahrungen des Lebens nach dem Tod und will nicht mehr zurück. Er ist durchdrungen von einem intensiven Glücksgefühl, von Liebe und Freude. Dennoch vereinigt er sich mit seinem physischen Körper und lebt weiter.

Später versucht er, das alles anderen zu erzählen, hat dabei aber Schwierigkeiten. Erstens, weil er keine Worte findet, mit denen er diese unsagbaren Erlebnisse beschreiben könnte, und zweitens, weil die anderen spotten. So erzählt er nichts mehr. Doch die Erfahrung beeinflußt sein Leben tief, vor allem seine Einstellung zum Tod und seine Beziehung zum Leben.

Appendix III
Räumliche und zeitliche Modelle

Zu den am schwersten vorstellbaren Eigenschaften astronomi-
scher ebenso wie atomarer Strukturen gehört die ungeheure
Größe bzw. Kleinheit dieser Objekte. Die Schwierigkeiten
lassen sich jedoch verringern, wenn man Modelle mit geeigne-
tem Maßstab betrachtet. In analoger Weise kann man auch
extreme Zeiträume veranschaulichen. Im folgenden sollen
einige derartige Modelle besprochen werden.

a) Der nahe Weltraum 1 : 1 Milliarde

In diesem Modell schrumpfen tausend Kilometer zu einem
Millimeter. Die Erde ist eine leicht abgeplattete Kugel von etwas
mehr als einem Zentimeter Durchmesser. Der Mond (mit einem
Durchmesser von nur 3 mm) umkreist sie in einem Abstand von
fast 40 cm. Die Sonne befindet sich in einer Entfernung von 150
Metern und hat einen Durchmesser von 1 m 40 cm. Der son-
nennächste Planet (Merkur) hat einen Bahnradius von 60 Metern, der äußerste bekannte (Pluto) einen solchen von 6 km.
Jupiter, der größte Planet, weist einen Durchmesser von 14 cm
auf. Der nächste Fixstern (Proxima Centauri) hat eine Entfernung von über 40 000 Kilometern. Die Lichtgeschwindigkeit
(normalerweise 300 000 km/s) beträgt in unserem Modell
30 Zentimeter pro Sekunde. Der Überriese Beteigeuze im
Sternbild Orion (einer der größten bekannten Sterne) hat einen
Durchmesser von 550 Metern.[72]

b) Das Universum 1 : 1 Billion

Dieses Modell hat nur ein Tausendstel der Ausmaße des vorigen.
Die Erde ist bloß noch 1/100 Millimeter groß, also mit freiem
Auge praktisch nicht mehr zu sehen. Der Durchmesser der
Sonne beträgt kaum 1 ½ mm, ihre Entfernung etwa 15 cm. Der
Abstand Erde–Mond ist auf weniger als ½ mm zusammenge-
schrumpft. Pluto umkreist die Sonne in einer Distanz von 6
Metern. Proxima Centauri ist immer noch 43 km entfernt, Sirius
86 km. (Sirius ist ein Doppelstern. Seine Komponenten kreisen

in einem gegenseitigen Abstand von 3 m um ihren gemeinsamen Schwerpunkt. Manche weite Doppelstern-Paare haben jedoch Abstände bis zu anderthalb Kilometern.) Der Durchmesser von Beteigeuze beträgt immerhin noch 55 cm. Die Lichtgeschwindigkeit ist mit etwa 1 Meter pro Stunde für das Auge bereits zu langsam. Dennoch: unsere Milchstraße hat eine Ausdehnung von etwa einer Million Kilometern. (Sie ist eine flache runde Scheibe von 16 000 km Dicke.) Die Entfernung zum vergleichbar großen Andromedanebel beträgt ca. 20 Millionen Kilometer, die entferntesten bekannten Galaxien sind über 100 Milliarden km weit weg (im Modell!).

c) Das Universum 1 : 1 Trillion

Gegenüber dem letzten Modell haben wir das Weltall jetzt gleich auf ein Millionstel reduziert. Der Durchmesser der Bahn des Pluto beträgt nur mehr ca. $\frac{1}{10}$ mm. Proxima Centauri ist etwas über 4 cm entfernt und das Licht benötigt etwa ein Jahr, um die Strecke von 1 cm zurückzulegen. Die Milchstraße hat etwa einen Kilometer Durchmesser und enthält ca. 100 Milliarden praktisch punktförmiger Sterne. Der Andromedanebel ist 20 km weit weg, die Grenze des heute bekannten Universums über 100 000 km.

d) Das Universum 1 : 1 Quadrillion

Nochmal ein Sprung auf ein Millionstel. Das bekannte Universum hat einen Durchmesser von einigen hundert Metern, die Milchstraße nur noch von einem Millimeter. Der Abstand zum Andromedanebel beträgt 2 cm. Das Licht benötigt 100 000 Jahre für einen Millimeter.

e) Das Atom 100 Milliarden : 1

Im Gegensatz zur Astronomie sind maßstabgemäße Betrachtungen in der Mikrophysik nicht sehr vernünftig, weil unsere geläufige Vorstellung von den Elementarteilchen als kleine Kügelchen nur sehr bedingt sinnvoll ist. Wenn wir dieses Problem beiseite schieben und nicht die reale Wirklichkeit, sondern nur unser naives Modell auf das Hundertmilliardenfache vergrößern, so ergibt sich folgendes Bild:

Atomkerne haben Durchmesser von einigen Millimetern,

Elektronen sind nur etwa einen halben Millimeter groß. Im einfachsten Atom (Wasserstoff) befindet sich das eine vorhandene Elektron in einem Kernabstand von 7 Metern. Ein Wassermolekül (H_2O) hat bereits Ausmaße von ca. 35 m.

f) Modell 10 Millionen : 1
Jetzt verringern wir die Vergrößerung auf ein Zehntausendstel. Das Wasserstoff-Atom ist nichteinmal 1 ½ mm groß, das Wassermolekül 3 ½ mm. Die meisten gewöhnlichen Moleküle sind nicht größer als 1 cm, Riesenmoleküle jedoch liegen zwischen 10 cm und 10 m. Die kleinsten Lebewesen (die Viren) haben dann Ausmaße von 1 bis 4 Metern. Bakterien messen 10 bis 50 Meter, manche sind jedoch bis 300 m lang. Die kleinsten gewöhnlichen Zellen sind bereits über 100 m im Durchmesser und die dünnsten Zellwände haben eine Stärke von 6 cm. Ein (echter) Millimeter wäre im Modell 10 km lang.

g) Die Geschichte des Universums im Zeitraffer
1 : 1 Milliarde
In diesem Modell schrumpft jede Jahrmilliarde zu einem einzigen Jahr. Der Beginn des Universums liegt dann schätzungsweise 10 Jahre zurück, die Entstehung der Erde vielleicht halb so lang (die genauen Zahlen sind umstritten). Das Leben auf der Erde dürfte schon einige Jahre bestehen. Die ältesten noch erhaltenen Gesteine (aus dem frühen Präkambrium) haben ein Alter von ca. einem Jahr. Vor etwas mehr als 7 Monaten begann mit dem Kambrium (= erster Abschnitt des Paläozoikums) ein recht plötzlicher Aufschwung der Lebewesen (innerhalb weniger Stunden oder Tage): alle Tierstämme mit Ausnahme der Wirbeltiere sind bereits vertreten. Das Paläozoikum wurde vor fast 3 Monaten vom Mesozoikum abgelöst, das die berühmten riesigen Dinosaurier hervorbrachte. Sie starben am Ende des Mesozoikums vor 25 Tagen schlagartig aus.[73] Im darauffolgenden Känozoikum beginnt der Aufstieg der Säugetiere. Die Vorfahren des Menschen spalteten sich vor etwas weniger als einer Woche vom Stammbaum der Menschenaffen ab. Die ältesten gefundenen Frühmenschen-Knochen (Australopithecus) sind ca. einen Tag alt, der heutige Mensch (Homo Sapiens) entwickelte sich während der Eiszeiten, deren letzte vor ca. einer

Stunde begann und vor 6 Minuten endete. Was wir heute Geschichte nennen, begann vor 2 ½ Minuten mit der Einigung des Ägyptischen Reiches. Erst vor 15 Sekunden endete das Mittelalter und kein heute lebender Mensch ist wesentlich älter als höchstens 3 Sekunden.[74]

h) Zeitlupe 1 Milliarde : 1

Dieses Modell ist im selben Maß gedehnt, in dem das vorige komprimiert war. Eine (echte) Sekunde hat jetzt eine Länge von 31 Jahren 8 Monaten und ca. 8 Tagen. Die Lichtgeschwindigkeit beträgt 30 cm/s. Die mittlere Lebensdauer einiger Elementarteilchen (d. h. das durchschnittliche Zeitintervall zwischen Bildung und Zerfall dieser Teilchen) wird jetzt anschaulich vergleichbar: das Myon hält etwa 37 Minuten, das geladene π-Meson ca. 26 Sekunden, das Λ(=Lamda)-Hyperon gar nur eine Viertelsekunde. Der erste bekannte Abschnitt in der Geschichte des Universums, das Zeitalter der Hadronen, dauerte etwa einen Tag. Die Schwingungsdauer der höchsten gerade noch hörbaren Tonfrequenzen (18 kHz) liegt bei etwa 15 Stunden. Die meisten elektromagnetischen Schwingungen sind kürzer: der Rundfunk benutzt Wellen, deren Schwingungsdauer zwischen 3 Stunden und 10 Sekunden liegt, beim Fernsehen sind es einige Sekunden.

i) Zeitlupe 1 Trillion : 1

Nochmals ein Schritt auf das Milliardenfache. Die Lichtgeschwindigkeit beträgt jetzt nur mehr 1 cm/Jahr, die Lebensdauer der oben erwähnten Λ-Hyperonen fast 8 Jahre. Hingegen zerfällt das ungeladene π-Teilchen im Durchschnitt schon nach anderthalb Minuten. Fernsehwellen schwingen in Jahrzehnten bis Jahrhunderten, das sichtbare Licht jedoch zwischen 39 Minuten (rot) und 22 Minuten (violett). Oberhalb 40 Minuten liegt die (infrarote) Wärmestrahlung, unterhalb des violetten Lichts die UV-Strahlung (die z. B. die Haut bräunt). Röntgenstrahlen liegen im Schwingungsbereich von anderthalb Minuten bis hinunter zu einer zehntausendstel Sekunde. Der kurze Teil der Röntgenstrahlung heißt γ(= Gamma)-Strahlung. Manche kosmische Strahlen haben z. T. eine noch kürzere Schwingungsdauer.

Kommentare und Anmerkungen

Die Numerierungen sind fortlaufend durch alle Kapitel. Am Ende jeder Einheit steht in Klammer die Angabe jener Stelle, an der der Verweis erfolgte.

[1] Die Erklärung eines Begriffes erfolgt nicht immer an jener Stelle, an der er in diesem Buch zuerst auftritt, so daß die Benutzung des Registers auch bei fortlaufender Lektüre notwendig werden kann. Wie der Leser bald bemerken wird, existiert überhaupt keine strenge Ordnung in der Aufeinanderfolge der einzelnen Fragen, von denen viele ohne weiteres auch an einer anderen Stelle des Buches stehen könnten. [Vorwort]

[2] ψυχή bzw. in Großbuchstaben ΨΥΧΗ [3]

[3] Dieser ist nicht zu verwechseln mit Duncan McDougall, der durch Präzisionsmessungen an Sterbenden versuchte, das Gewicht der austretenden Seele zu bestimmen. Er erhielt Resultate im Bereich einiger Dekagramm, die jedoch heute auf ganz normale Ursachen zurückgeführt werden. [17]

[4] In diesem Zusammenhang verdient der sogenannte Verschiebungseffekt Erwähnung. Er besteht darin, daß mitunter bei Experimenten zur Telepathie oder Clairvoyance von der Versuchsperson nicht die jeweilige Information empfangen wird, sondern eine (mit einem bestimmten Zeitintervall) schon verstrichene oder noch zukünftige. Erstmals entdeckt wurde dieses Phänomen von Whatley Carington. [31]

[5] Der bekannteste Parapsychologe der Sowjetunion seit Wassiliew ist Eduard K. Naumow, der jedoch sehr unter der feindlichen Haltung der Behörden zu leiden hatte (z. B. wurde er zu Zwangsarbeit verurteilt). [40]

[6] Ein von Charles Richet berichtetes Beispiel für eine Präkognition mit großem Zeitintervall ist der Fall eines Buben, der 1813 im Traum sein eigenes Grab sah. Dieses trug das Datum 9. Juni 1883, wobei das Wort Juni verstümmelt war. Am 9. Juni 1835 starb sein späterer Sohn, während sein eigener Todestag der 9. Januar 1883 war. Im Traum wurden offenbar die beiden Daten vermischt. [57]

[7] Ein erfolgreiches Ringexperiment mit dauerhaftem Ergebnis könnte einen handfesten und unwiderlegbaren Beweis für die Realität paranormaler Vorgänge liefern. Dafür wäre es notwendig, zwei Ringe aus unterschiedlichen, natürlich gewachsenen Materialen ineinanderzufügen, beispielsweise aus zwei verschiedenen Holzsorten. Ein solcher Gegenstand ist auf normalem Weg unmöglich herzustellen. [62]

[8] Beispielsweise sah Dunne den Ausbruch des Mt. Pelée auf der Insel Martinique und die Zerstörung der Stadt St. Pierre im Jahre 1902 im Traum voraus. [85]

[9] Zu den bekanntesten stigmatisierten Personen gehörten Franz von Assisi (bei dem das Phänomen erstmals beobachtet wurde), Francesco Forgione (genannt „Padre Pio") und Therese Neumann (die sogenannte „Seherin von Konnersreuth"). Insgesamt gab es hunderte solcher Personen, wobei die meisten Katholiken waren. [107]

[10] Es gibt eine ganze Reihe bemerkenswerter Phänomene, die durch Hypnose bewirkt werden können:

- *Automatisches Schreiben:* die Hand des Hypnotisierten schreibt ohne Kontrolle durch den bewußten Willen Dinge nieder, die mündlich (sogar unter Hypnose) verschwiegen worden wären.

- *Körperliche Reaktionen:* einer Versuchsperson wird eine Münze auf die Hand gelegt, mit der Suggestion, diese sei glühend heiß. Das kann die sofortige Ausbildung von Brandblasen zur Folge haben.

- *Anästhesie:* ebenso läßt sich mitunter auch Schmerz wegsuggerieren, so daß beispielsweise ohne Narkose operiert werden kann.

- *Zeitverzerrung:* ein Zeitintervall kann von der Versuchsperson auf Befehl des Hypnotiseurs als wesentlich kürzer oder länger empfunden werden.

- *Amnesie:* Ereignisse während der Trance können auf Befehl nach dem Wiedererwachen in der Erinnerung verbleiben, oder auch vollständig vergessen werden. Selbst die Tatsache, daß eine Person hypnotisiert wurde, kann solcherart aus ihrem Gedächtnis gestrichen werden.

- *Posthypnotische Befehle:* hypnotische Anordnungen können an Bedingungen gebunden sein, die erst nach Beendigung der Trance eintreten (etwa ein bestimmter Zeitpunkt), aber dennoch ausgeführt werden. Beispielsweise kann ein (absichtlich unsinniger) Befehl lauten: „Sobald Sie die Zahl 636 gesprochen hören, werden Sie Ihren linken Schuh ausziehen und aus dem Fenster werfen." Der Hypnotiseur (oder irgend jemand sonst) kann dann Stunden später beiläufig das Stichwort aussprechen, woraufhin die Versuchsperson (die sich an den Befehl zumeist bewußt nicht erinnert) die gewünschte Handlung ausführt. Unmittelbar danach wird sie dann wahrscheinlich eine (der Verrücktheit des Befehls sowie ihrer eigenen Intelligenz entsprechende) mehr oder weniger fadenscheinige Ausrede vorbringen, z. B.: „Ich spürte ein Insekt im Schuh, das ich entfernen wollte, dabei ist mir der Schuh aus dem Fenster gefallen." (Solche Ausreden für irrationale Handlungen oder Ansichten, die vom Normalbewußtsein tatsächlich geglaubt werden, heißen Rationalisierungen.) [118]

[11] Vorläufer Braids in der Entwicklung der Hypnose waren Franz Anton Mesmer, der die Hypnose zu medizinischen Zwecken zwar verwendete, aber mißverstand (er hielt sie für ein magnetisches Phänomen) und sein Schüler, der Marquis de Puységur. [119]

[12] Von ähnlicher Art dürfte wohl auch der sogenannte Mangobaum-Trick sein, bei dem Wachstum und andere langsame Vorgänge eines Mangobaums als innerhalb weniger Minuten ablaufend vorgeführt werden. Mitunter wird

jedoch auch vermutet, daß es sich dabei um eine reale Beschleunigung handelt. [122]

[13] Diese Tatsache läßt sich für geheime Nachrichtenübermittlung verwerten. Dabei wird einer Person in Trance Information eingegeben, zusammen mit dem Befehl, diese (und überhaupt die gesamte hypnotische Sitzung) zu vergessen. Der Empfänger jedoch kann durch ein bestimmtes Schlüsselwort die Botschaft wieder abfragen, ohne daß diese (z. B. von einem militärischen Gegner) abgefangen werden könnte. [132]

[14] Ein bekanntes Mitglied der ASPR war Sigmund Freud, der Begründer der Psychoanalyse. Zu den bedeutendsten Präsidenten zählten James H. Hyslop und William McDougall (der vorher schon Präsident der SPR war). [136]

[15] Richet war der erste Parapsychologe, der sich statistischer Methoden bediente, sowie auch der erste, der ASW-Experimente ohne Hypnose vornahm. [137]

[16] Weitere, etwas weniger bekannte Präsidenten waren u. a.: Gerald William Balfour (der Bruder des Premierministers), John Beloff, William McDougall, Camille Flammarion (Astronom), Gardner Murphy, Henry Sidgwick, dessen Frau Eleanor Sidgwick (Schwester der Brüder Balfour), Samuel George Soal und Frederic J. M. Strutton (Astrophysiker). Einmal (1912) war auch ein anglikanischer Bischof Präsident (W. Boyd Carpenter). [137]

[17] Zu den ältesten überlieferten Medien gehört die sogenannte Hexe von Endor, die in der Bibel (1. Sam. 28,7-25) erwähnt wird. Sie stellte auf Wunsch König Sauls einen Kontakt mit dem verstorbenen Propheten Samuel her, der sich jedoch über die Ruhestörung etwas ungehalten zeigte. [194]

[18] Der wohl berühmteste Indianer-Control trat bei dem englischen Medium Evan Powell auf und nannte sich Black Hawk (= Schwarzer Falke). Es gelang, ihn historisch als Algonkin-Häuptling zu verifizieren. [209]

[19] Ein bekanntes Beispiel für einen lebenden Control ist der Fall Gordon Davis. Er erschien in den frühen 20er Jahren bei dem Medium Blanche Cooper, mit der S. G. Soal experimentierte. Davis lebte damals noch, gab sich aber als verstorben aus. [209]

[20] In diesem Zusammenhang gibt es die interessante Erfahrung, daß oft Informationen, die im Unterbewußtsein eines Teilnehmers verschüttet sind, zutage treten, andere, deren er sich voll bewußt ist, jedoch nicht. Am besten zeigte sich das bei Soals Versuchen mit dem Medium Blanche Cooper. In solchen Fällen ist eine animistische Deutung naheliegend. [213]

21 HE ist die Abkürzung für „Historical Era" (= historische Zeitrechnung). Sie ist so definiert, daß 0 HE = 6001 v. Chr. Für Zeiten ab 1 n. Chr. beträgt die Differenz genau 6000 (z. B. 2000 n. Chr. = 8000 HE). Die Historische Ära dient der Vermeidung der Zeitenwende im Bereich der Alten Geschichte. [218]

22 Eine ähnliche Bedeutung für die Ausbreitung des Spiritismus in England hatte das Medium Emma Hardinge-Britten. [226]

23 Durch das Medium Jane Roberts sandte offenbar auch William James Botschaften, die sich (ähnlich wie bei Seth) von der sonst meist üblichen banalen Kommunikation abheben. [239]

24 Die Bezeichnung „englische Mrs. Piper" steht für das britische Medium Gladys Osborne Leonards. In vielen Séancen unter der Aufsicht von Oliver Lodge kontaktierte sie dessen gefallenen Sohn Raymond. [244]

25 Ein anderer bekannter Medien-Entlarver war John Nevil Maskelyne. Er überführte u. a. die Brüder Davenport des Betrugs. [245]

26 Die Untersuchungen führte der bekannte Parapsychologe Théodore Flournoy durch. [249]

27 Eine ähnliche Problematik besteht im Zusammenhang mit der Intelligenz einer Person. Vorhandene Intelligenz ist bestimmt astral auch gegeben. Intelligenzmängel aber können sowohl echt, als auch durch (u. U. krankhafte) Eigenschaften des Gehirns bedingt sein. [261]

28 Dieses Phänomen wird in der Parapsychologie auch als Meeting-Case (wörtlich: „Begegnungs-Fall") bezeichnet. [271]

29 Andere Bezeichnungen für denselben Begriff sind: Seelenwanderung, Metempsychose, Metensomatose oder Palingenese. [286]

30 Eine Ausnahme bilden manche Kabbalisten (jüdische Mystiker) wie beispielsweise Isaak ben Salomon Luria aus Galiläa. [286]

31 Die Synode von Konstantinopel legte 543 fest: „Wenn wer sagt oder meint, die menschlichen Seelen seien schon präexistent gewesen [. . .], so sei er verflucht." Das Dogma spiegelt jedoch nicht so sehr die allgemeine Denkweise des 6. Jahrhunderts wieder, als vielmehr die persönliche Meinung Kaiser Justinians, der die Synode stark beeinflußte.
Dennoch ließ sich der Glaube an die Reinkarnation auch in sehr christlichen Ländern nicht völlig unterdrücken, wie beispielsweise die von Benjamin Franklin für sein Grab verfaßte Inschrift beweist (Übersetzung von Erika Gossler):
Der Körper von Benjamin Franklin, Drucker, (wie der Einband eines altes Buches, sein Innenteil herausgerissen, seines Aufdrucks und seiner Vergoldung beraubt) liegt hier, Nahrung für Würmer. Aber das Werk selbst ist nicht verloren, denn es wird, wie

er glaubt, wieder erscheinen, in einer neuen und eleganteren Ausgabe, überarbeitet und verbessert vom Autor selbst.

Obwohl Franklin zum Zeitpunkt seines Todes ein sehr berühmter Mann war, konnte er sich offenbar nicht durchsetzen, denn die geplante Inschrift wurde nicht verwendet.

Franklin war übrigens kein Einzelfall. Viele bekannte Literaten und Philosophen des christlichen Kulturkreises bekannten sich in erhaltenen Äußerungen mehr oder weniger deutlich zur Reinkarnationslehre. Zu diesen zählten u. a.: Balzac, Giordano Bruno (der wegen dieser und anderer Ideen von der Inquisition auf dem Scheiterhaufen verbrannt wurde), Flaubert, Goethe, Herder, Lessing, Maeterlinck, Schiller, Schopenhauer, D. H. Thoreau, Tolstoi, Voltaire, Richard Wagner und Walt Whitman. [286]

[32] Es gibt natürlich (abgesehen vom Widerspruch der Überlebenshypothese zur materialistischen Weltauffassung) auch einige Argumente, die mitunter spezifisch gegen die Reinkarnation vorgebracht werden:

- Das Vergessen des in früheren Inkarnationen Gelernten sei ein unsinniges Verschwenden von Zeit und Mühe. Dieses Vergessen (die sogenannte Reinkarnations-Amnesie) ist in der Tat ein Problem. Die mitunter geäußerten Vermutungen, wonach zu viele Erinnerungen den Menschen überlasten und verwirren würden, oder er zu stark unter schmerzlichen Erinnerungen leiden würde, wirken eher fadenscheinig. Sollte diese Amnesie irgend einen Sinn haben (was eigentlich zu vermuten wäre), so dürfte er bisher unverstanden geblieben sein (zumindest der Verfasser dieses Buches hat ihn nicht verstanden).

- Manche Menschen haben Schwierigkeiten, die Vorstellung der Reinkarnation mit der Tatsache der Bevölkerungszunahme zu vereinbaren. Dieses Problem ist jedoch trivial, wenn man annimmt, daß die auf unserer Erde lebende und für unsere Sinne wahrnehmbare Bevölkerung nur einen unbedeutenden Bruchteil aller überhaupt existierenden Personen darstellt, bzw. aller jener Personen, deren Entwicklungsstufe sie für eine Inkarnation im Körper eines Menschen geeignet macht. Dazu kommt, daß auch niedrigere psychische Strukturen (die jetzt z. B. als Tiere inkarniert sind), im Rahmen ihrer Höherentwicklung irgendwann das für den Menschen charakteristische Bewußtseinsniveau erreichen, was die Vorstellung einer beschränkten Anzahl vorhandener Psychen noch zusätzlich ad absurdum führt. Ganz abgesehen von alledem ist das Argument der „Seelenknappheit" auch rein mathematisch gesehen falsch, denn eine Zunahme der Bevölkerung ließe sich auch bei konstanter Zahl durch eine Verringerung der durchschnittlichen Zwischenzeiten zwischen den Inkarnationen ausgleichen. [288]

[33] Das gilt in noch stärkerem Maße für die Annahme, daß vererbte Erinnerungen an Erlebnisse der Vorfahren die Reinkarnation vortäuschen. Die Vererbung von Erinnerungen ist wissenschaftlich kaum haltbar, und überdies ist das Modell ungeeignet, solche Fälle zu erklären, in denen keine Abstammungsmöglichkeit zwischen den Inkarnationen besteht. [291]

34 Ganz ähnlich verhält es sich mit dem Moro-Reflex, der darin besteht, daß Babies, wenn sie erschreckt werden, die Arme wegstrecken. Außerdem kann man an Personen, die in ein frühes Kindesalter zurückversetzt werden, charakteristische körperliche Eigenschaften wie höhere Pulsfrequenz oder schlechte Augenkoordination beobachten. Es gibt auch Fälle, in denen solche Menschen unkontrolliert urinieren, ebenso wie sie es taten, als sie noch Windeln hatten. Blinde Patienten, die erste einige Jahre nach der Geburt ihr Augenlicht verloren, können mitunter während einer hypnotischen Regression wieder sehen. [297]

35 Es heißt auch, daß mitunter Gebrechen und (spätere) Krankheiten vorgeplant sind, um bestimmte psychische Entwicklungen zu begünstigen. Daraus ist allerdings nicht der Schluß zu ziehen, daß alle physischen Beschwerden von dieser Art sind. Auch Intelligenz kann in einer Inkarnation absichtlich weniger stark zum Ausdruck kommen, es ist aber kaum anzunehmen, daß ausgesprochener Schwachsinn freiwillig gewählt wird. [304]

36 Außerdem erinnerte sich Mrs. Tighe noch an eine kurze Inkarnation in Neu Amsterdam (so hieß New York bis 1664). Sie machte jedoch keine Angaben, die man hätte überprüfen können. [308]

37 Ein ebenfalls bekannter, aber offensichtlich betrügerischer Fall von Austauschreinkarnation ist der des englischen Schriftstellers Cyril Henry Hoskin, der unter dem Pseudonym Lobsang Rampa okkulte Bücher schrieb. Darin gab er sich als tibetischer Lama aus. Als seine wahre Identität bekannt wurde, behauptete er, der Körper Hoskins sei jetzt vom Geist Lobsang Rampas bewohnt, nachdem Hoskin ihn selbst (freiwillig) verlassen hätte. [318]

38 Weitere mantische Begriffe sind u. a.:
- Cephalomantie: Deutung der Kopfbewegungen eines Tieres
- Hippomantie: Weissagungen aus dem Gewieher heiliger Pferde
- Pyromantie: Deutung der Formen und Bewegungen von Flammen oder Rauch
- Keromantie: wie Bleigießen, aber mit Wachs
- Aeromantie: Deutung von Wolkenformen
- Alektryomantie: Deutung der Reihenfolge, in der ein Hahn Körner von einer Buchstabentafel wegpickt
- Auspizien: eine andere Bezeichnung für die Deutung des Vogelfluges
- Kylikomantie: allgemeine Bezeichnung für alle mantischen Praktiken, bei denen eine heiße Flüssigkeit in kaltem Wasser erstarrt (z. B.: Plumbomantie, Keromantie etc.)
- Oneiromantie: Traumdeutung (heute durch Psychoanalyse und Parapsychologie bereits an der Schwelle zur wissenschaftlichen Anerkennung). [347]

39 Die Ausarbeitung dieses Konzepts erfolgte gemeinsam mit dem Physiker und Nobelpreisträger Wolfgang Pauli. [348]

40 Eine andere, etwas phantasielose Wunschvorstellung mancher Alchimisten war die Herstellung einer Flüssigkeit, die jeden beliebigen Festkörper aufzulö-

sen vermag. Dabei blieb die Frage offen, in was für einem Gefäß eine solche Substanz aufzubewahren sei. [364]

41 Von großer Bedeutung dabei war der sogenannte „Hexenhammer" (Malleus Maleficarum), ein 1487 erschienenes Buch von zwei Dominikanern (Heinrich Institoris und Jacob Sprenger), das eine intensive Hexenjagd auslöste und trotz seines gehässigen Stils bald als höchste katholische Autorität in Hexenfragen galt. [369]

42 Dasselbe gilt auch für die spätere Vorstellung besonders junger, verführerischer Hexen. [370]

43 Eine andere Bezeichnung für einen künstlichen Menschen ist Androide. [378]

44 Die Größe i ist eine der drei berühmtesten Zahlen der Mathematik. Die beiden anderen sind π (= Verhältnis Kreisumfang/Durchmesser) und e (die Basis des natürlichen Logarithmus, auch Eulersche Zahl genannt). Rechnet man $1{,}1^{10}, 1{,}01^{100}, 1{,}001^{1000} \ldots 1{,}000001^{1000000}$ und so weiter, so liegt das Ergebnis immer näher bei der Zahl e. Sowohl π als auch e haben unendlich viele Dezimalstellen, die sich nie wiederholen. Die Zahlenwerte lauten:

π = 3,14159265358979323846264338327950288419716939937510 . . .

e = 2,71828182845904523536028747135266249775724709369995 . . .

Die imaginäre Zahl i hingegen läßt sich nicht mit Ziffern darstellen. Die Rechnung fünf mal i plus drei gibt als Ergebnis den Ausdruck 3 + 5i, was sich nicht mehr vereinfachen läßt. Zwischen diesen drei Zahlen besteht ein Zusammenhang in Gestalt der ebenfalls nach Euler benannten Formel:

$e^{i\pi} + 1 = 0.$ [386]

45 Der Beweis beruht auf der Definition, daß zwei Mengen genau dann gleich groß sind, wenn sich ihre Elemente umkehrbar eindeutig einander zuordnen lassen. Es gibt daher z. B. genauso viele natürliche (1, 2, 3, 4, . . .) wie gerade natürliche Zahlen (2, 4, 6, 8, . . .), denn folgende Zuordnung ist möglich: $1 \leftrightarrow 2, 2 \leftrightarrow 4, 3 \leftrightarrow 6, 4 \leftrightarrow 8$ etc. Hingegen ist es unmöglich, alle reellen Zahlen (= beliebige Dezimalzahlen, incl. solche mit unendlich vielen Stellen hinter dem Komma) solcherart auf die Menge der natürlichen Zahlen abzubilden. Ihre Anzahl ist also größer als die gewöhnliche Unendlichkeit, und zwar gleich Aleph-1. Diese Tatsache entdeckte Georg Cantor, der Begründer der Mengenlehre. Ein interessantes Problem in diesem Zusammenhang ist die Frage, ob es zwischen Aleph-0 und Aleph-1 noch weitere transfinite (= überunendliche) Zahlen gibt, oder nicht. Dieses sogenannte Kontinuumsproblem (Aleph-1 heißt auch die „Mächtigkeit des Kontinuums") ist erst vor kurzem als unlösbar erkannt worden. Ein Beispiel für Aleph-2 ist die Zahl aller möglichen graphischen Kurven. [387]

46 Das gilt allerdings nur unter der Voraussetzung, daß sie tatsächlich widerspruchsfrei ist. Existieren jedoch Widersprüche, so läßt sich jede beliebige mathematische Aussage beweisen; somit auch jene, daß keine Widersprüche vorhanden sind. [388]

⁴⁷ Es ist ganz reizvoll, den Würfel durch die verschiedenen Dimensionen zu verfolgen. Ein zweidimensionaler Würfel ist ein Quadrat (4 Ecken, 4 Seiten). Ein gewöhnlicher dreidimensionaler Würfel hat 8 Ecken, 12 Kanten und 6 Quadrate. Ein vierdimensionaler Überwürfel („Hyperkubus") hat 16 Ecken, 32 Kanten, 24 Quadrate sowie 8 Würfel als dreidimensionale „Außenhaut" (analog den 6 Quadraten der Würfeloberfläche). Ein entsprechender fünfdimensionaler Körper besitzt dann bereits 32 Eckpunkte, 80 Kanten, 80 Quadrate, 40 Würfel und 10 Hyperkuben.

Ein 20-dimensionaler Würfel weist über eine Million Ecken, über 12 Millionen Kanten und fast 53 Millionen Quadrate auf. [389]

⁴⁸ Bei gewöhnlichen Primzahlen kennt man zwar die Anzahl (∞), aber die Verteilung im Detail ist mathematisch nicht recht faßbar. D. h. es gibt keine Formel, mittels derer man z. B. sofort die tausendste Primzahl berechnen oder aus einer gegebenen Primzahl die nächste ermitteln könnte. [391]

⁴⁹ Das größte derzeit bekannte Paar ist 1 000 000 009 649 und die um 2 größere Zahl. [391]

⁵⁰ Mathematisch nennt man das ein lateinisches Quadrat der 10. Ordnung. Ein Beispiel lautet:

00	11	22	33	44	55	66	77	88	99
15	08	76	89	90	34	27	42	63	51
21	32	93	40	57	68	19	04	75	86
37	25	18	06	79	80	94	53	41	62
48	59	64	95	81	72	03	36	20	17
56	60	87	71	02	13	45	98	39	24
69	74	01	12	23	47	58	85	96	30
73	46	50	67	38	91	82	29	14	05
84	97	35	28	16	09	70	61	52	43
92	83	49	54	65	26	31	10	07	78

Der Versuch, ein solches Quadrat durch Probieren zu finden, würde selbst mit den modernsten Computern etliche Millionen Jahre dauern. [391]

⁵¹ Diese Temperatur kann nicht nur nicht unterschritten werden, es ist auch unmöglich, sie exakt zu erreichen. Allerdings kann man durch verschiedene Techniken sehr nahe an sie herankommen. [397]

⁵² Quarks waren ursprünglich Traumwesen in James Joyce's Roman „Finnegans Wake". Der Physiker Murray Gell-Mann entlehnte diesen Ausdruck für die von ihm postulierten Teilchen, die sich ebenfalls im Grenzbereich des Realen befinden. Das Einführen von neuen physikalischen Begriffen mit humoristischem Unterton hat übrigens Tradition: für bestimmte Eigenschaften von Elementarteilchen wurden Ausdrücke wie Strangeness (= Seltsamkeit) und Charm gewählt. Vorgänge in der Mikrophysik, die normalerweise sehr unwahrscheinlich sind, heißen „verboten" (z. B. gibt es im Weltall leuchtende Nebel, die „verbotenes Licht" ausstrahlen). Auch astronomische Begriffe wie Rote Riesen, Weiße Zwerge und Schwarze Löcher gehören in diese Kategorie. [403]

[53] Was den Unterschied der beiden Uhren tatsächlich bewirkt, ist allerdings nicht so sehr der Einfluß der Beschleunigung auf die Zeit, als vielmehr jener der Richtungsänderung auf die Beurteilung der Gleichzeitigkeit. Zahlreiche Versuche, das Uhrenparadoxon ad absurdum zu führen, beruhen u. a. darauf, eine (in der Relativitätstheorie nicht mehr existierende) objektive Gleichzeitigkeit in die Beweisführung einzuschmuggeln und dann zu demonstrieren, daß die bloßen Beschleunigungskräfte den Effekt nicht bewirken könnten. [411]

[54] Durch die Energieabstrahlung wird die Sonne jede Sekunde ca. 4 Millionen Tonnen leichter. [414]

[55] Als 1967 die ersten Pulsare entdeckt wurden, glaubte man anfangs, künstliche Signale außerirdischer Zivilisationen zu beobachten. Durch die Art der Strahlungsimpulse konnte man beweisen, daß die Energiequellen deutlich kleiner als z. B. die Erde sein müssen. So kleine Sterne waren aber bis dahin völlig unbekannt. Die ersten vier Pulsare wurden als LGM 1 bis LGM 4 bezeichnet, was „Little Green Men" (= kleine grüne Männchen) bedeutet. [419]

[56] Der Schwarzschild-Radius eines Objekts ist leicht zu berechnen: $R = 2GM/c^2$. Dabei ist M die Masse (in kg), G die Gravitationskonstante ($6{,}67 \cdot 10^{-11}$ m³/kg s²) und c die Lichtgeschwindigkeit ($3 \cdot 10^8$ m/s); das Ergebnis R erhält man dann in Metern. Wird der Radius R einer Kugel kleiner als ihr Schwarzschild-Radius R, so stürzt sie in sich zusammen und wird zum Schwarzen Loch. Das Verhältnis $\mu = R/R$ bestimmt die Stärke verschiedener relativistischer Effekte, z. B.:
- die Ablenkung eines Lichtstrahls am Sternrand beträgt $\delta = 2\mu$ (in jenem Maßsystem, in dem ein gestreckter Winkel nicht 180° sondern gleich π ist)
- der Ablauf der Zeit an der Oberfläche eines Himmelskörpers ist um den Faktor $(1-\mu/2)$ verlangsamt. [429]

[57] Die Zahl 10^{100} („10 hoch 100") trägt den Namen Googol. Nach dem üblichen Schema (Million, Milliarde, Billion, Billiarde, Trillion etc.) wären das 10 Sedezimiarden. Die höchste solcherart noch einigermaßen bildungsfähige Bezeichnung ist die Centilliarde für 10^{603}. Die größte benannte Zahl ist Googolplex = 10 hoch Googol (d. h. 1 gefolgt von 10^{100} Nullen). Die Ausdrücke Googol und Googolplex erfand ein 9jähriges Kind, der Neffe des Mathematikers Edward Kasner. [452]

[58] Die in Robert Scruttons Buch „The Other Atlantis" ermittelte Jahreszahl 2193 v. Chr. (3808 HE) beruht auf einem Rechenfehler bzw. der Nichtberücksichtigung der Tatsache, daß es kein Jahr null gibt (6000 HE = 1 v. Chr., 6001 HE = 1 n. Chr.). [464]

59 Im Jahre 1823 wurde im amerikanischen Kongreß der Antrag eingebracht, eine Expedition auszurüsten, die in der Nähe des Nordpols einen Verbindungsgang zu dieser Innen-Erde suchen soll. Der Antrag fiel zwar durch, erhielt aber immerhin 25 Ja-Stimmen. [472]

60 Der größte Meteoritenkrater des Mondes, das Mare Imbrium, hat ca. 1000 km Durchmesser. (Seine Fläche entspricht etwa der von Venezuela.) [477]

61 Das Nördlinger Ries (ein Kessel in dem die bayrische Stadt Nördlingen liegt) entstand vor fast 15 Millionen Jahren und hat einen Durchmesser von 25 km. Der Meteorit, der den (wesentlich jüngeren) Cañon Diablo Krater (Durchmesser 1,2 km) verursacht hat, muß etwa 60 000 Tonnen schwer gewesen sein. Er bestand größtenteils aus Eisen und ist beim Aufprall fast zur Gänze verdampft. (Dieses Schicksal erleiden alle Meteoriten von mehr als 100 Tonnen). Möglicherweise wurde dieses Ereignis bereits von Menschen beobachtet, denn die Navajo-Indianer haben eine Sage, wonach dort einer ihrer Götter auf einer Feuerwolke zur Erde herabgestiegen sei. [477]

62 Ständig treffen riesige Mengen von Mikro-Meteoriten auf die Erde. Allein die Anzahl jener, deren Durchmesser über einem Zehntelmillimeter liegt, wird auf 100 Millionen pro Tag geschätzt. [479]

63 Einer der wenigen ernstzunehmenden Vertreter der Raumschiff-Theorie ist der amerikanische Astronom J. Allen Hynek. Eine von der US Air Force bezahlte Untersuchung der UFO-Phänomene durch den Physiker Edward U. Condon kam hingegen zu negativen Ergebnissen („Condon-Report"). [482]

64 Carl von Linné schlug für den Yeti die wissenschaftliche Bezeichnung „Homo Nocturnus" (= Nachtmensch) vor. Auf englisch heißt er „Abominable Snowman" (= abscheulicher Schneemensch). [488]

65 Die Ursache dieser Vorstellung ist angeblich ein scherzhafter Leserbrief an die Times, den 1939 der Physiker Reginald V. Jones unter dem Pseudonym Colonel Musselwhite schrieb. Er behauptet darin, der Erdmagnetismus könne stumpfe Rasierklingen wieder schärfen, wenn man sie in der richtigen Weise hinlegt. Das wurde von etlichen naiven Lesern geglaubt. [492]

66 Einer Theorie zufolge war sogar der altmexikanische Gott Quetzalkoatl in Wirklichkeit ein weißer Europäer, ebenso wie Virakocha in Peru oder Bochica bei den Chibcha-Indianern in Kolumbien. [499]

67 Besonders bekannt ist das Erschaffungsdatum der Welt, das James Ussher (Erzbischof von Armagh im 17. Jahrhundert) aus biblischen Angaben berechnet hat: der 26. Oktober 4004 v. Chr., um 10 Uhr vormittags. Nach strenggläubig-jüdischer Vorstellung hingegen fand dieses Ereignis am 6. Oktober 3761 v. Chr. um $23^h 11^m 20^s$ Jerusalemer Zeit statt. [500]

[68] In manchen amerikanischen Bundesstaaten gab es vor kurzem noch Gesetze, die auf den Einfluß der Kreationisten zurückgehen. Beispielsweise in Tennessee, wo 1925 der Lehrer Thomas Scopes in dem weltberühmten „Affenprozeß" verurteilt wurde, weil er (was gesetzlich verboten war) seinen Schülern erzählte, daß die Wissenschaft die Entstehung des Menschen anders erklärt als die Bibel. Das Gesetz wurde erst 1967 abgeschafft. [500]

[69] Auch die Kreationisten haben einen mindestens ebenso peinlichen Fälschungsfall: Professor Johann Beringer von der Universität Würzburg stützte seine Theorie vom göttlichen Ursprung der Fossilien mit zahlreichen einschlägigen Beweisstücken, die christliche Symbole und Bilder enthielten. Als er schließlich sogar einen Stein fand, der Beringers Namen trug, mußte er erkennen, daß er einem bösen Scherz zum Opfer gefallen war. Zwei seiner Kollegen hatten die Fossilien gefälscht, und dann dort vergraben lassen, wo der Professor zu suchen pflegte. Es heißt, daß er in seinen restlichen Lebensjahren (erfolglos) versucht hat, alle Exemplare seines Buches „Lithographia Wirceburgensis" zurückzukaufen, in dem er seine Ergebnisse veröffentlicht hatte. [500]

[70] Es soll nicht unerwähnt bleiben, daß auch für sehr fortschrittliche Ansichten mitunter recht zweifelhafte Argumente vorgebracht werden. Beispielsweise behauptete James Monboddo (ein schottischer Anthropologe des 18. Jahrhunderts, der schon lange vor Darwin die biologische Verwandtschaft von Mensch und Tier erkannte), daß Babies bei ihrer Geburt noch Schwänze haben, die jedoch sofort von der Hebamme abgeschnitten werden, um diesen Sachverhalt zu vertuschen. [500]

[71] Bertrand Russell meinte dazu treffend, man könnte ebensogut alle Erinnerungen verwerfen, die der These widersprechen, die Welt wäre vor 5 Minuten erschaffen worden. [500]

[72] Der angegebene Durchmesser ist lediglich ein Mittelwert, denn die Größe dieses Sterns schwankt zwischen 420 und 590 Metern. Beteigeuze ist jedoch nicht der größte bekannte Überriese: α Herculis (auch Ras Algethi genannt) mißt mehr als das Doppelte. [A III a]

[73] Die Plötzlichkeit ihres Aussterbens ist ziemlich unverständlich. Aus diesem Grund wurden auch schon etliche recht abenteuerliche Theorien darüber formuliert. Möglicherweise war eine kosmische Katastrophe schuld. [A III g]

[74] Die Zukunft würde etwa folgendermaßen aussehen: Ein allfälliger Endknall erfolgt in einigen Jahrzehnten. Findet keiner statt, so würde das gegenwärtige Zeitalter der Sterne in etwa 100 Millionen Jahren (des Modells!) vom Zeitalter der Schwarzen Löcher abgelöst werden. Das Ende der Schwarzen Löcher aber läge so weit in der Zukunft, daß der Unterschied zwischen Modell und Wirklichkeit bedeutungslos wird. (10^{100} echte Jahre sind 10^{91} Modelljahre, aber so genau sind die Berechnungen gar nicht.) [A III g]

Hinweise zur Etymologie

Dämon   verwandt mit griechisch demos = Gebiet, Volk (eigentlich: Abteilung), daher Dämon = Zuteiler (des Schicksals)

Fakir   aus arabisch faqir = arm, später: Bettelmönch

Geist   die Silbe * ĝheis- bedeutete ursprünglich erschaudern, die spiritistische Bedeutung des Wortes ist die älteste

Gespenst   dieses nur im Deutschen existierende Wort bedeutete ursprünglich Verlockung, später dann (teuflisches) Trugbild

Horoskop   = Stundenschau (ursprünglich die Bezeichnung eines astronomischen Geräts); das Wort ist verwandt mit Skepsis (!)

Hypnose   aus griechisch hýpnos = Schlaf

Kobold   bedeutet etwa freundlicher Stall- oder Hausgeist (verwandt mit dem Wort hold)

Magie   mágos ist die griechische Bezeichnung für einen medischen Priester, bedeutete später: Traumdeuter, Zauberer (aus dem Persischen)

Meditation   lateinisch meditari = (geistig) abmessen (verwandt mit Meter)

Neutrino   wörtlich: kleines Neutron; dieses wiederum aus lateinisch ne-utrum = keines von beiden (d. h. weder + noch -, also elektrisch neutral)

Nimbus   (verwandt mit Nebel)

Phantom   (verwandt mit Phantasie und Phänomen)

Poltergeist   ist als Fremdwort ins Englische eingedrungen (Mehrzahl: poltergeists)

Quasar   Zusammenziehung aus quasi-stellar = sternartig

Seele   bedeutet: die zur See gehörige, denn nach germanischer Vorstellung kommen die Geister aus dem Wasser, und kehren nach dem Tod dorthin zurück.

Spuk   (Herkunft unklar)

Telepathie   wörtlich: Fernleiden (griechisch pathos = Leid)

Trance   lateinisch transire = hinübergeben (in den Tod)

Traum   (verwandt mit trügen)

Vampir   stammt aus dem ungarischen Wort für Hexe

Vision   aus lateinisch videre = sehen (verwandt mit wissen)

Zeit   die indogermanische Wurzel * dai- bedeutet einteilen (verwandt mit Dämon)

Bibliographie

Die vorliegende Liste enthält jene Werke, die entweder direkt für das vorliegende Buch benutzt wurden oder indirekt zur Meinungsbildung des Verfassers beitrugen sowie auch einige weiterführende Publikationen. Das bei Monographien angegebene Publikationsjahr bezieht sich auf das jeweils verwendete Exemplar.

Ackley, Helen Herdman: *Our Happy Haunted House.* The Reader's Digest, Oktober 1977, S. 153 ff. = *Das Spukhaus am Hudson.* Das Beste aus Reader's Digest, Juli 1977, S. 118 ff.

Adamenko, Viktor: *Phänomene der Hautelektrizität.* In: Krippner/Rubin, *Lichtbilder der Seele,* S. 148 ff.

Allgeier, Kurt: *Du hast schon einmal gelebt.* Goldmann 1979.

Amadou, Robert: *Das Zwischenreich.* Baden-Baden: Holle 1957.

Andrade, Hernani Guimarães: *Psi Matter.* In: Playfair, *The Indefinite Boundary,* S. 305 ff.

Andreas, Peter; Gordon Adams: *Was niemand glauben will.* Berlin u. a.: Ullstein 1967.

Asimov, Isaac: *The Collapsing Universe.* Corgi 1978.

d'Aulaire, Emily; Per d'Aulaire: *Rätselhafte Wünschelrute.* Das Beste aus Reader's Digest, August 1976, S. 66 ff.

Bakal, Carl: *Linda's Haunting Vision.* The Reader's Digest, November 1977, S. 157 ff.

Balanowsky, E.; J. G. Taylor: *Can electromagnetism account for extrasensory phenomena?* Nature, Bd 276 (1978), S. 64 ff.

Barclay, Glen: *Mind over Matter.* London, Sydney: Pan 1975.

Bardens, Dennis: *Ghosts and Hauntings.* Collins/Fontana 1972.

Bardens, Dennis: *Mysterious Worlds.* Collins/Fontana 1972.

Bardo Thödöl → Evans-Wentz, W. Y.

Barker, William J.: *Meine Suche nach Bridey Murphy* (u.a.). In: Bernstein, *Protokoll einer Wiedergeburt,* S. 215 ff.

Barrow, John D.; Frank J. Tipler: *Eternity is unstable.* Nature, Bd 276 (1978), S. 453 ff.

Bartlett, Laile E.: *Parapsychologie – Fakten gegen Vorurteile.* Das Beste aus Reader's Digest, März 1978, S. 103 ff.

Bauer, Eberhard: *Psi und Psyche.* Stuttgart: Dt. Verl.-Anst. 1974.

Bedford, James; Walt Kensington: *Das Delpasse-Experiment.* 2. Aufl. München: Heyne 1977.

Behrendt, Thomas → Duane, T. D.

Beloff, John: *ESP: Proof from Prague?* New Scientist, 10. Oktober 1968, S. 76 f.

Beloff, John (Hrsg.): *Neue Wege der Parapsychologie.* Olten, Freiburg/Br.: Walter 1980.

Bender, Hans: *Neue Entwicklungen in der Spukforschung.* In: Moser, *Spuk,* S. 343 ff.

Bender, Hans: *Parapsychologie.* Fischer 1977.

Bender, Hans: *Unser sechster Sinn.* Rowohlt 1977.

Bender, Hans: *Telepathie, Hellsehen und Psychokinese.* München: Piper 1972.

Berendt, Heinz C.: *Parapsychologie. Eine Einführung.* Stuttgart u. a.: Kohlhammer 1972.

Bergier, Jacques → Pauwels, L.

Berlitz, Charles: *Das Bermuda Dreieck.* Knaur 1978.

Berlitz, Charles: *Spurlos.* Wien, Mannheim: Zsolnay 1977.

Bernstein, Morey: *Protokoll einer Wiedergeburt.* Fischer 1977

Berry, Adrian: *The Iron Sun.* Coronet 1979.

Die Bibel oder die ganze Heilige Schrift des Alten und Neuen Testaments. Nach der deutschen Übersetzung Martin Luthers. Internationaler Gideonbund 1967.

Bjoerkhem, John: *Die verborgene Kraft.* Olten, Walter 1954.

Blank, Joseph P.: *Die Frau mit den Psycho-Augen.* Das Beste aus Reader's Digest, Februar 1979, S. 97 ff.

Block, David L.: *Black Holes and Their Astrophysical Implications.* Sky and Telescope, Juli 1975, S. 20 ff. und August 1975, S. 87 ff.

Bock, Emil: *Wiederholte Erdenleben.* Stuttgart: Urachhaus 1975.

Bolte, Johannes: *Das Geheimnis der Re-inkarnation.* Heidelsheim: Selbstverlag 1968.

Bonin, Werner F.: *Lexikon der Parapsychologie und ihrer Grenzgebiete.* Fischer 1981.

Boom Times on the Psychic Frontier. Time, 4. März 1974, S. 42 ff.

Boschke, F. L.: *Erde von anderen Sternen.* Fischer 1970.

Brennan, J. H.: *Five Keys to Past Lives.* Aquarian Press 1975.

Breuer, Reinhard: *Kontakt mit den Sternen.* Wien: Ullstein 1981.

Brown, Rosemary: *Unfinished Symphonies.* London: Pan 1973.

Browne, Peter Francis: *The Llandudno pentagon.* New Scientist, 1. April 1977, S. 784 f.

Büchel, Wolfgang: *Philosophische Probleme der Physik.* Herder 1965.

Burns, Jack O. et al.: *The Tungus Event as a Small Black Hole: Geophysical Considerations.* Monthly Notices of the Royal Astronomical Society, Bd 175 (1976), S. 355 ff.

Campbell, Esse: *Psi, mein Kater und ich.* Das Beste aus Reader's Digest, Mai 1977, S. 44 ff.

Canon, Harry J. → Smith, K.

Canuto, Vittorio M.: *Does gravity vary with time?* New Scientist, 15. März 1979, S. 856 ff.

Carington, Whately: *Telepathy.* London: Methuen 1945.

Carnac, Pierre: *Geschichte beginnt in Bimini.* Goldmann 1979.

Carr, B. J.; M. J. Rees: *The anthropic principle and the structure of the physical world.* Nature, Bd 278 (1979), S. 605 ff.

Carrington, Hereward → Muldoon, S.

Cavendish, Richard (Hrsg.): *Encyclopedia of The Unexplained.* London, Henley: Routledge & Kegan Paul 1974.

Charman, Neil: *Ball lightning photographed?* New Scientist, 26. Februar 1976, S. 444 ff.

Charman, Neil: *The enigma of ball lightning.* New Scientist, 14. Dezember 1972, S. 632 ff.

Chaumette, Ivan de la: *Phantom of the Fiery Mountain.* The Reader's Digest, April 1978, S. 180 ff. = *Die unheimliche Warnung des Tarawera.* Das Beste aus Reader's Digest.

Clark, David et al.: *Celestial chaos and terrestrial catastrophes.* New Scientist, 14. Dezember 1978, S. 861 ff.

Collier, James Lincoln: *Parapsychologie – Wissenschaft an der Grenze.* Das Beste aus Reader's Digest, August 1963, S. 132 ff.

Cottey, Alan: *Advanced Life in the Universe.* New Scientist, 27. April 1978, S. 236 f.

Coxhead, Nona: *Mindpower.* Penguin 1977.

Däniken, Erich von: *Beweise.* Düsseldorf, Wien: Econ 1977.

Däniken, Erich von: *Erinnerungen an die Zukunft.* Düsseldorf, Wien: Econ 1972.

Däniken, Erich von: *Meine Welt in Bildern.* Wien: Econ 1973.

Däniken, Erich von: *Zurück zu den Sternen.* Düsseldorf, Wien: Econ 1969.

David-Neel, Alexandra: *Unsterblichkeit und Wiedergeburt.* Wiesbaden: Brockhaus 1962.

David-Neel, Alexandra: *With Mystics and Magicians in Tibet.* London: Penguin 1937.

Davies, Paul: *Chance or choice: is the universe an accident?* New Scientist, 16. November 1978, S. 506 ff.

Davies, Paul: *Thermodynamic light on black holes.* New Scientist, 28. Juli 1977, S. 238 ff.

Davies, Paul: *Stardoom,* Fontana/Collins 1979.

Davies, Paul: *Supertechnology,* New Scientist, 23. März 1978, S. 787 f.

Davies, Paul: *Trouble with time travel.* Nature, Bd 277, S. 602.

Deeson, Eric: *Commonsense and Sir William Crookes.* New Scientist, 26. Dezember 1974, S. 922 ff.

Delacour, Jean-Baptiste: *Glimpses of the Beyond.* Harwood-Smart 1975.

Dessoir, Max: *Jenseits der Seele.* 6. Aufl. Stuttgart: Enke 1967.

Dethlefsen, Thorwald: *Das Erlebnis der Wiedergeburt. Heilung durch Reinkarnation.* Goldmann 1976.

Dethlefsen, Thorwald: *Das Leben nach dem Leben.* München: Heyne 1977.

Do tachyons hold the key to the universe? New Scientist, 29. April 1976, S. 227.

Dodd, James: *Instantons and the real world.* New Scientist, 30. März 1978, S. 858 f.

Doucet, Friedrich W.: *Forschungsobjekt Jenseits.* Wien: Kremayr & Scheriau 1979.

Dooley, Anne: *Every Wall a Door.* Corgi 1975.

Drever, Ronald → Hough, J.

Driesch, Hans: *Parapsychologie,* München: Brinkmann 1932.

Duane, T. D.; Thomas Behrendt: *Extrasensory Electroencephalographic Induction between Identical Twins.* Science, 15. Oktober 1965, S. 367.

Ducasse, C. J.: *Bridey Murphy Revisited.* In: Ebon, *Reincarnation in the Twentieth Century,* S. 70 ff.

Ebon, Martin: *Erfahrungen mit dem Leben nach dem Tod.* München: Heyne 1977.

Ebon, Martin: *Psi in der UdSSR.* München, Wien: Langen-Müller 1977.

Ebon, Martin (Hrsg.): *Reincarnation in the Twentieth Century.* Signet 1970.

Encyclopaedia Britannica. 11. Edition.

Encyclopaedia Britannica. 15. Edition 1979.

Esotera. Freiburg/Br.: Bauer.

ESP by any other name would smell . . . New Scientist, 20. August 1970, S. 367.

Etymologie. Der große Duden, Bd. 7. Mannheim, Wien, Zürich: Bibliographisches Institut 1963.

Evans, Christopher: *Kulte des Irrationalen.* Rowohlt 1979.

Evans, Christopher: *Long dream ending.* New Scientist, 20. März 1969, S. 683 ff.

Evans, Christopher: *Parapsychology – what the questionnaire revealed.* New Scientist, 25. Januar 1973, S. 209.

Evans-Wentz, W. Y. (Hrsg.): *The Tibetan Book of the Dead.* Oxford University Press 1977.

Eysenck, Hans-Jürgen: *Sense and Nonsense in Psychology.* Penguin 1975.

Eysenck, Hans-Jürgen: *Theories of Parapsychological Phenomena.* In: *Encyclopaedia Britannica,* 15. Ed., Bd 13, S. 1002 ff.

Fairley, Peter: *Is there Life in Outer Space?* London: Look-in 1975.

Feinberg, Gerald: *Particles That Go Faster than Light.* Scientific American, Februar 1970, S. 69 ff.

Fiore, Charles; Alan Landsburg: *Begegnungen im Jenseits.* 2. Aufl. München: Heyne 1981.

Ford, Arthur: *The Life beyond Death.* Abacus 1974.

Freedland, Nat: *The Occult Explosion.* London: Michael Joseph 1972.

Frei, Gebhard: *Probleme der Parapsychologie.* 2. verb. Aufl. München u. a.: Schöningh 1971.

Frischler, Kurt: *Die Kräfte des Übersinnlichen.* München, Berlin: Herbig 1974.

Fuller, John G.: *Arigo, der Chirurg mit dem Taschenmesser.* Kurzfassung. Das Beste aus Reader's Digest, April 1975, S. 202 ff.

Fuller, John G.: *Uri Geller – Magier oder Scharlatan?* Das Beste aus Reader's Digest, November 1975, S. 30 ff.

Fuller, John G.: *The Ghost of Flight 401.* Corgi 1979.

Furneaux, Rupert: *The Tungus Event.* Panther 1977.

Gamow, George: *The Evolutionary Universe.* Scientific American.

Gardner, Martin: *Concerning an effort to demonstrate extrasensory perception by machine.* Scientific American.

Gardner, Martin: *How to be a psychic, even if you are a horse or some other animal.* Scientific American.

Gaskill, Gordon: *Riddle of the Blood of San Gennaro.* The Reader's Digest, Dezember 1977, S. 143 ff.

Gauquelin, Michel: *Cosmic Influences on Human Behaviour.* Futura 1976.

Geisler, Hans: *Lebenshilfe durch Psi.* Freiburg/Br.: Bauer 1977.

Geller, Uri: *My Story.* Corgi 1977.

Gerloff, Hans: *The Crisis in Parapsychology.* Tittmoning: Pustet 1965.

Gerloff, Hans: *Materialisation. Die Phantome von Kopenhagen.* München: Gerlach 1954.

Geymuller, H. de: *Swedenborg und die übersinnliche Welt.* Stuttgart, Berlin: Dt. Verl.-Anst. 1936.

Gibbons, Gary: *Black holes are hot.* New Scientist, 8. Januar 1976, S. 54 ff.

Gossler, Marcus: *Begriffswörterbuch der Chronologie und ihrer astronomischen Grundlagen.* Graz 1981. 2. Aufl. 1985.

Gossler, Marcus: *Statistische Untersuchungen an der Lehrbuchsammlung der Universitätsbibliothek Graz.* Graz 1982. Appendix II: *Der Chi-Quadrat Test.* S. 62 f.

Gossler, Marcus: *Wie sollte eine ideale chronologische Ära beschaffen sein?* Der Sternenbote, Jg 24 (1981), S. 98 ff.

Gossler, Marcus: *Zeitparadoxien.* Esotera. Bd 33 (1982), S. 430 ff.

Gould, Donald: *Spirits, doctors and disease.* New Scientist, 27. Mai 1976, S. 474 ff.

Green, Andrew: *Ghost Hunting.* Mayflower 1976.

Green, Louis C.: *Cosmology Today.* Sky and Telescope, September 1977, S. 180 ff.

Greenhouse, Herbert B.: *The Book of Psychic Knowledge.* Corgi 1975.

Gribbin, John: *Can Life Evolve in Elliptic Galaxies?* Astronomy, Mai 1977, S. 18 ff.

Gribbin, John: *Is the Universe a Black Hole?* Hermes, April 1975, S. 45 ff.

Gribbin, John: *Sideways in time.* New Scientist, 26. April 1979, S. 284 ff.

Gubisch, Wilhelm: *Hellseher.* München, Basel: Reinhardt 1961.

Haining, Peter: *Witchcraft and Black Magic.* Hamlyn 1975.

Hall, Timothy; Guy Grant: *Superpsych. The Power of Hypnosis.* Abacus 1978.

Hammond, David: *The Search for Psychic Power.* Corgi 1976.

Hanlon, Joseph: *Christ under the microscope.* New Scientist, 12. Oktober 1978, S. 96 ff.

Hanlon, Joseph: *Uri Geller and Science.* New Scientist, 12. Oktober 1974, S. 170 ff.

Hanlon, Joseph: *Spoon-bending science.* New Scientist, 14. Juli 1977, S. 80 ff.

Hansel, C. E. M.: *ESP: Deficiencies of Experimental Method.* Nature, Bd 221 (1969), S. 1171 f.

Harrison, Michael: *Fire from Heaven.* London, Sydney: Pan 1977.

Hartlaub, G. F.: *Das Unerklärliche*. Stuttgart: Koehler 1951.

Hartmann, Otto Julius: *Die Geisterwelt ist nicht verschlossen*. Schaffhausen: Novalis 1975.

Hawking, Stephen W.: *The Quantum Mechanics of Black Holes*. Scientific American.

Hawking, Stephen W.; Werner Israel: *Relativity today*. New Scientist, 8. März 1979, S. 761 ff.

Haynes, Renée: *The Hidden Springs. An enquiry into Extra-Sensory Perception*. Radius/Hutchinson 1973.

Henbest, Nigel: *Do quasars expand faster than light?* New Scientist, 25. Juni 1981, S. 848 ff.

Herrmann, Paul: *7 vorbei und 8 verweht*. Rowohlt 1976.

Heywood, Rosalind: *The Infinite Hive*. London: Pan 1971.

Heywood, Rosalind: *The Sixth Sense*. London: Chatto & Windus 1959.

Hiley, Basil: *Ghostly interactions in physics*. New Scientist, 6. März 1980, S. 746 ff.

Hofstätter, Peter R.: *Psychologie*. Fischer Lexikon 1965. Kapitel: *Außersinnliche Wahrnehmung*. S. 46 ff.

Holzer, Hans: *Psi-Kräfte*. 4. Aufl. München: Heyne 1978.

Hope, Adrian: *Finding a home for stray fact*. New Scientist, 14. Juli 1977, S. 83.

Hough, James; Ronald Drever: *Gravitational waves – a tough challenge*. New Scientist, 17. August 1978, S. 484 ff.

Hoyle, Fred: *The Steady-State Universe*. Scientific American.

Hoyle, Fred; Chandra Wickramasinghe: *Does epidemic disease come from space?* New Scientist, 17. November 1977, S. 402 ff.

Humphrey, Nick: *Hypnosis explained, or how to escalate suggestibility*. New Scientist, 2. September 1976, S. 485 f.

Hynek, J. Allen: *The Hynek UFO Report*. London: Sphere 1978.

Hynek, J. Allen: *The UFO Experience. A Scientific Inquiry*. Corgi 1978.

I Ching → Wilhelm, R.

Investigating the paranormal. Nature, Bd 251 (1974), S. 559 f.

Islam, Jamal N.: *The Ultimate Fate of the Universe*. Sky and Telescope, Januar 1979, S. 13 ff.

Israel, Werner → Hawking, S.

Iverson, Jeffrey: *More Lives than One . . . .?* London, Sydney: Pan 1977.

Jackson, A. A.; Michael P. Ryan: *Was the Tungus Event due to a Black Hole?* Nature, Bd 245 (1973), S. 88 f.

Jaschke, Willy K.: *Die parapsychologischen Erscheinungen.* Innsbruck u. a.: Tyrolia 1926.

Johnson, Kendall L. → Moss, T.

Joller, Melchior: *Darstellung selbsterlebter mystischer Erscheinungen.* Zürich: Hanke 1863. In: Moser, *Spuk,* S. 46 ff.

Judge, William Q.: *The Ocean of Theosophy.* 6. Aufl. Los Angeles, Bombay: Theosophy Co. 1947.

Kalweit, Holger: *Das wissende Licht.* Esotera, Bd 33 (1982), S. 453 ff.

Kasner, Edward; James Neumann: *Mathematics and the Imagination.* Penguin 1968.

Keller, Werner: *Was gestern noch als Wunder galt.* Knaur 1977.

Kensington, Walt → Bedford, J.

Kinne, Russ: *The search goes on for Bigfoot.* Smithsonian, Januar 1974, S. 69 ff.

Kirlian, Semjon D.; Walentina K. Kirlian: *Fotographie mit Hilfe von Hochfrequenzströmen.* In: Krippner/Rubin, *Lichtbilder der Seele,* S. 31 ff.

Klein, Aaron: *Parapsychologie.* München: Goldmann 1975.

Klotz, Irving M.: *N-Strahlen: die Geschichte eines Irrtums.* Spektrum der Wissenschaft, Juli 1980, S. 24 ff.

Koestler, Arthur: *Der Krötenküsser.* Wien, München, Zürich: Molden 1972.

Koestler, Arthur: *The Roots of Coincidence.* Picador 1978.

Kraemer, Hans: *Weltall und Menschheit.* Berlin: 1902–04.

Krippner, Stanley; Daniel Rubin (Hrsg.): *Lichtbilder der Seele. Psi sichtbar gemacht.* Goldmann 1975.

Landsburg, Alan: *In Search of Myths and Monsters.* Corgi 1977.

Landsburg, Alan → Fiore, C.

Lees, Roy C.: *Life in the Solar System.* Hermes, Juli 1978, S. 82 ff.

Lindenberg, Hugo: *Sternenbahnen Menschenwege. Einführung in die heutige Astrologie.* München: Goldmann 1959.

McCrea, William H.: *Cosmology after Einstein.* New Scientist, 8. März 1979. S. 756 ff.

Mackal, Roy P.: *The Monsters of Loch Ness.* Futura 1976.

Manning, Matthew: *In the Minds of Millions.* Universal/Allen 1978.

Marcuse, F. L.: *Hypnosis. Fact and Fiction.* Penguin 1977.

Marwick, Maxwell Gay: *Witchcraft.* In: *Encyclopaedia Britannica,* 15. Ed., Bd 19, S. 895 ff.

Massey, Graham: *The meretricious triangle.* New Scientist, 14. Juli 1977, S. 74 ff.

Meckelburg, Ernst: *Der Überraum.* Freiburg/Br.: Bauer 1978.

Mensch und Kosmos. Monatsschrift für angewandte Astrologie und okkulte Probleme. Gösting: 1924–26.

Meschkowski, Herbert (Hrsg.): *Meyers Handbuch über die Mathematik.* Mannheim: Bibliographisches Institut 1967.

Miers, Horst: *Lexikon des Geheimwissens.* Goldmann 1979.

Millar, Ronald: *The Piltdown Men.* Paladin 1974.

Moffat, Samuel: *The Psychic Boom.* In: *Britannica Yearbook of Science and Future.* 1973, S. 66 ff.

Monroe, Robert Allan: *Der Mann mit den zwei Leben.* Düsseldorf, Wien: Econ 1972.

Moody, Raymond A.: *Leben nach dem Tod.* Kurzfassung. Das Beste aus Reader's Digest, März 1977, S. 210 ff.

Moody, Raymond A.: *Life after Life.* Bantam 1977.

Moody, Raymond A.: *Reflections on Life after Life.* Corgi 1978.

Moore, Patrick: *Can You Speak Venusian?* London: Star 1972.

Moore, Patrick; Iain Nicolson: *Black Holes in Space.* London: Ocean 1974.

Moser, Fanny: *Das große Buch des Okkultismus.* Olten, Freiburg/Br.: Walter 1974.

Moser, Fanny: *Spuk. Ein Rätsel der Menschheit.* Fischer 1980.

Moss, Thelma; Kendall L. Johnson: *Bioplasma oder Korona-Entladung?* In: Krippner/Rubin, *Lichtbilder der Seele,* S. 50 ff.

Muck, Otto: *The Secrets of Atlantis.* Fontana/Collins 1979.

Müller, Lutz: *Parapsychologie und Täuschungskunst.* Freiburg/Br.: phil. Diss. 1977.

Muldoon, Sylvan J.; Hereward Carrington: *The Projection of the Astral Body.* Rider & Co. 1975.

The Great Mystery of Life Hereafter. London: Hodder & Stoughton 1957.

Nambu, Yoichiro: *The Confinement of Quarks.* Scientific American, November 1976, S. 48 ff.

Netherton, Morris; Nancy Shiffrin: *Bericht vom Leben vor dem Leben.* München: Heyne 1981.

Newman, James → Kasner, E.

Nichols, R. Eugene: *Der Weg zur Entfaltung der Psi-Kräfte.* Freiburg/Br.: Bauer 1972.

Nicolson, Iain → Moore, P.

Norman, John W. et al.: *Astrons – the Earth oldest scars?* New Scientist, 24. März 1977, S. 689 ff.

Oberschelp, Walter: *Kombinatorik*. In: *Mathematik II*. Fischer-Lexikon 1975.

Öpik, Ernst Julius: *Black Holes – a Myth?* Irish Astronomical Journal, Bd 13, S. 125 ff.

Öpik, Ernst Julius: *Origin of Asteroids and the Missing Planet*. Irish Astronomical Journal, Bd 13, S. 22 ff.

Orne, Martin T.; A. Gordon Hammer: *Hypnosis*. In: *Encyclopaedia Britannica*, 15. Ed., Bd 9, S. 133 ff.

Ostrander, Sheila; Lynn Schroeder (Hrsg.): *The ESP-Papers*. Bantam 1976.

Ostrander, Sheila; Lynn Schroeder: *Psi. Psychic Discoveries behind the Iron Curtain*. Abacus 1967.

Overbye, Dennis: *Out from Under the Cosmic Censor: Stephen Hawkings Black Holes*. Sky and Telescope, August 1977, S. 84 ff.

Page, Thornton Leigh: *Unidentified Flying Objects*. In: *Encyclopaedia Britannica*, 15. Ed., Bd 18, S. 853 ff.

Parker, Barry: *The end of time*. Astronomy, Mai 1977, S. 9 ff.

Parker, Barry: *Mini Black Holes*. Astronomy, Februar 1977, S. 26 ff.

Patterson, David: *Queasy over the quark*. New Scientist, 30. Juni 1977, S. 773 ff.

Pauwels, Louis; Jacques Bergier: *The Dawn of Magic*. Panther 1967 = *Aufbruch ins dritte Jahrtausend*. 2. Aufl. Bern, Stuttgart: Scherz 1962.

Pauwels, Louis; Jacques Bergier: *Der Planet der unmöglichen Möglichkeiten*. Bern, München, Wien: Scherz 1968.

Pearsall, Ronald: *The Table-Rappers*. London: Michael Joseph 1972.

Penrose, Roger: *Twisting round in space-time*. New Scientist, 31. März 1979, S. 734 ff.

Pike, James A.; Diane Kennedy: *The other Side*. Abacus 1975.

Pingree, David E.: *Astrology*. In: *Encyclopaedia Britannica*, 15. Ed., Bd 2, S. 219 ff.

Playfair, Guy Lyon: *The Indefinite Boundary*. Panther 1977.

Playfair, Guy Lyon: *The Unknown Power*. Panther 1977.

Pössinger, Günter: *Psi – Rätselhafte Kräfte des Menschen?* Humboldt 1974.

Porter, Neil A.; Trevor C. Weekes: *A Search for Exploding Black Holes*. Sky and Telescope, Februar 1978, S. 113 ff.

Pratt, J. Geither: *Psi-Forschung heute*. Freiburg/Br.: Aurum 1976.

Price, George R.: *Science and the Supernatural*. Science, Bd 122 (1955) S. 359 ff.

Prokop, Otto; Wolf Wimmer: *Der moderne Okkultismus.* Stuttgart: G. Fischer 1976.

Pseudoscience. Science, Bd 184 (21. Juni 1974).

Die Psychologie des 20. Jahrhunderts. Bd XV. Zürich: Kindler 1979.

Puharich, Andrija: *Uri.* Futura 1974.

Puthoff, Harold → Targ, R.

Raman, Boris: *The Magic Eye.* New English Library 1973.

Randi, James: *Geller a fake, says ex-manager.* New Scientist, 6. April 1978, S. 11.

Rao, K. Ramakrishna: *Experimental Parapsychology.* Springfield: Thomas 1966.

Rees, Martin J.: *The 13 000 000 000 year bang.* New Scientist, 2. Dezember 1976, S. 512 ff.

Rees, Martin J. → Carr, B. J.

Rejdak, Zdenek: *Bioplasmatische Strahlung.* In: Krippner/Rubin, *Lichtbilder der Seele,* S. 190 ff.

Rhine, Joseph Banks: *How To Cope With a Mystery.* In: Cavendish, *Encyclopedia of the Unexplained,* S. 11 ff.

Rhine, Joseph Banks: *New Frontiers of the Mind.* Penguin 1950.

Rhine, Joseph Banks: *The Reach of the Mind.* Penguin 1954.

Rhine, Louisa Ella: *Psi, was ist das?* Freiburg/Br.: Bauer 1977.

Richet, Charles: *Grundriß der Parapsychologie und Parapsychophysik.* Stuttgart: 1923.

Ridpath, Ian: *Close encounters of the fraud kind.* Hermes, Juli 1978, S. 87 f.

Ridpath, Ian: *An Ear to the Void.* New Scientist, 12. Mai 1977, S. 326 ff.

Ridpath, Ian: *Flying saucers thirty years on.* New Scientist, 14. Juli 1977, S. 77 ff.

Ridpath, Ian: *Travel to the stars.* Hermes, April 1978, S. 42 ff.

Ridpath, Ian: *Tunguska: the final answer.* New Scientist, 11. August 1977, S. 346 f.

Ridpath, Ian: *White holes are no short cut in space.* Hermes, Juli 1978, S. 88 f.

Ringger, Peter: *Das Weltbild der Parapsychologie.* Olten, Freiburg/Br.: Walter 1959.

Robbins, R. Hope: *The Encyclopedia of Witchcraft and Demonology.* Spring Books (Hamlyn) 1968.

Roberts, Jane: *Gespräche mit Seth. Von der ewigen Gültigkeit der Seele.* Genf: Ariston 1980.

Robinson, Lytle W.: *Rückschau und Prophezeiungen. Edgar Cayces Bericht von Ursprung und Bestimmung des Menschen.* Goldmann 1979.

Rogo, D. Scott: *Parapsychologie.* Stuttgart: Klett 1976.

Roll, William G.: *The Poltergeist.* London: Star 1976.

Russell, Bertrand: *Do Men Survive Death?* In: *The Great Mystery of Life Hereafter,* S. 19 ff.

Ryan, Michael P. → Jackson, A. A.

Rýzl, Milan: *Parapsychologie.* Genf: Keller 1970.

Sagan, Carl; Frank Drake: *The Search for Extraterrestrial Intelligence.* Scientific American, Mai 1975, S. 80 ff.

Schatz, Oskar (Hrsg.): *Parapsychologie.* Graz u. a.: Styria 1976.

Scheidt, Jürgen vom: *Wiedergeburt.* München: Heyne 1982.

Schiller, Ronald: *The Truth About Those Flying Saucers.* The Reader's Digest, April 1978, S. 57 ff.

Schmidt, Helmut: *Mental influence on random events.* New Scientist, 24. Juni 1971, S. 757 f.

Schmidt, Helmut: *Quantum processes predicted?* New Scientist, 16. Oktober 1969, S. 114 f.

Schmitz, Emil-Heinz: *Das Zeit-Rätsel. Die erweiterte Gegenwart der Psyche.* Genf: Ariston 1979.

Schopenhauer, Arthur: *Parapsychologische Schriften.* Basel, Stuttgart: Schwabe 1961.

Schreiber, Hermann: *Wörterbuch der Parapsychologie.* München, Kindler 1976.

Schrenck-Notzing, Albert: *Grundfragen der Parapsychologie.* Stuttgart: Kohlhammer 1962.

Schroeder, Lynn → Ostrander, S.

Schrödter, Willy: *Grenzwissenschaftliche Versuche für jedermann.* 3. Aufl. Freiburg/Br.: Bauer 1960.

Schultz, J. H.; R. Lohmann: *Hypnose-Technik.* 6. Aufl. Stuttgart, New York: G. Fischer 1976.

Schwarz, P. M.: *Die Toten sind unter uns.* Wien: Kreuz 1976.

Sciama, Denis: *Do Black Holes Explode?* In: *Stars & Space 77.* London: 1976.

Scrutton, Robert J.: *The Other Atlantis.* London: Sphere 1979.

Sexl, Roman; Hannelore Sexl: *Weiße Zwerge – schwarze Löcher.* Rowohlt 1975.

Sheldrake, Rupert: *A new science of life.* New Scientist, 18. Juni 1981, S. 766 ff.

Shepard, Leslie (Hrsg.): *Encyclopedia of occultism and parapsychology.* Detroit: Gale Research Company 1979.

Sherwood, Martin: *Scientists attack astrology.* New Scientist, 11. September 1975, S. 592.

Shrouded in mystery. New Scientist, 22. September 1977, S. 720.

Smith, Kendon; Harry J. Canon: *A Methodological Refinement in the Study of „ESP" and Negative Findings.* Science, Bd 120 (1954) S. 148 f.

Smith, Susy: *The Enigma of Out-of-Body Travel.* Signet 1968.

Sphinx. Gera: 1886–90.

Stearn, Jess: *Taylor Caldwell und das Jenseits.* Wien, Berlin: Neff 1973.

Stelter, Alfred: *PSI-Heilung.* Goldmann 1977.

Stern, Donald K.: *First Contact with Nonhuman Cultures.* Mercury, September/Oktober 1975, S. 14 ff.

Stevenson, Ian: *Reinkarnation.* Freiburg: Aurum 1979.

Stewart-Gordon, James: *Down in Loch Ness Something Is Stirring.* The Reader's Digest, März 1977, S. 70 ff.

Stonely, Jack: *CETI.* London: Star 1976.

Stonely, Jack: *Tunguska. Cauldron of Hell.* London: Star/Allen 1977.

Story, Ronald: *The Space-Gods Revealed.* New English Library 1976.

Stubbs, Peter: *The day the Med dried up.* New Scientist, 23. Juni 1977, S. 704 f.

Sutherland, William H.: *Mechanisms of Energy Release from Black Holes.* Irish Astronomical Journal, Bd 13, S. 118 ff.

Swann, Ingo: *Die Kunst der Aura.* In: Krippner/Rubin, *Lichtbilder der Seele,* S. 183 ff.

Targ, Russell; Harold Puthoff: *Information transmission under conditions of sensory shielding.* Nature, Bd 251 (1974) S. 602 ff.

Targ, Russell; Harold Puthoff: *Jeder hat den 6. Sinn.* Köln: Kiepenheuer & Witsch 1977.

Taylor, J. G. → Balanowsky, E.

Taylor, John: *Black Holes.* Fontana/Collins 1977.

Temple, Robert K. G.: *The Sirius Mystery.* Futura 1976.

Thorne, Kip S.: *The Search for Black Holes.* Scientific American, Dezember 1974, S. 32 ff.

Tibetisches Totenbuch → Evans-Wentz, W. Y.

Tiller, William A.: *Are psychoenergetic pictures possible?* New Scientist, 25. April 1974, S. 160 ff.

Tischner, Rudolf: *Ergebnisse okkulter Forschung.* Stuttgart: Dt. Verl.-Anstalt 1950.

Tompkin, Peter; Christopher Bird: *The Secret Life of Plants.* Penguin 1975.

Torling, D. H.: *Has Atlantis disappeared again?* Nature, 28. September 1978, S. 271 f.

Tyrell, G. N. M.: *Mensch und Welt in der Parapsychologie.* Hamburg: Broschek 1960.

Uccusic, Paul: *Psi-Resümee.* Genf: Ariston 1975.

Valtonen, Mauri: *Supermassive black holes.* New Scientist, 9. März 1978, S. 662 ff.

Van Flandern, Thomas C.: *Is Gravity Getting Weaker?* Scientific American, Februar 1976, S. 44 ff.

Völker, Klaus (Hrsg.): *Künstliche Menschen.* München: Deutscher Taschenbuch Verlag 1976.

Voigt, Hans Heinrich: *Abriß der Astronomie.* 2. verb. Aufl. Mannheim, Wien, Zürich: Bibliographisches Institut 1975.

Wade, Nicholas: *Psychic Research: The Incredible in Search of Credibility.* Science, Bd 181, S. 138 ff.

Wade, Nicholas: *Voice form the Dead Names New Suspect for Piltdown Hoax.* Science, Bd 202 (1978), S. 1062

Walker, Benjamin: *Beyond the Body.* Routledge & Kegan Paul 1974.

Wall, Pat: *Acupuncture revisited.* New Scientist, 3. Oktober 1974, S. 31 ff.

Wambach, Helen: *Leben vor dem Leben.* München: Heyne 1980.

Ward, Brian: *ESP. The sixth sense.* MacDonald Guidelines 1977.

Watson, Lyall: *The Romeo Error.* Coronet 1976.

Watson, Lyall: *Supernature.* Coronet 1977.

Weekes, Trevor C. → Porter, N. A.

Weinberg, Steven: *The First Three Minutes.* Fontana/Collins 1977.

Wenzel, Edgar M.: *Psi in der Medizin.* Hartberg: 1976.

Wickramasinghe, Chandra: *Where life begins.* New Scientist, 21. April 1977, S. 119 ff.

Wickramasinghe, Chandra → Hoyle, F.

Wilhelm, John: *The Black Mysteries of the Universe.* The Reader's Digest, Dezember 1977, S. 91 ff.

Wilhelm, Richard (Übers.): *I Ging. Das Buch der Wandlungen.* Eugen Diederich 1960.

Williams, J. Paul: *Spiritualist Groups.* In: *Encyclopaedia Britannica,* 15. Ed., Bd 17, S. 511 ff.

Williamson, Tom: *Dowsing achieves new credence.* New Scientist, 8. Februar 1979, S. 371 ff.

Wilson, Colin: *Strange Powers.* Abacus 1976.

Wilson, Ian: *The Turin Shroud.* Penguin 1979.

Yemilianov, Yu. M.: *The Enigma of the „Siberian Darkening".* Übers. aus Priroda (1968) Nr. 6, S. 87 ff. von E. R. Hope. Kanada: 1969.

Zanstra, Hermann: *Is Religion Refuted by Physics or Astronomy?* Vistas in Astronomy.

Zeitschrift für kritischen Okkultismus und Grenzfragen des Seelenlebens. Stuttgart: 1925–28.

Zeitschrift für Parapsychologie. Leipzig: Mutze 1926–34.

Zeitschrift für Parapsychologie und Grenzgebiete der Psychologie. Freiburg/Br.: Walter.

Zink, David: *Von Atlantis zu den Sternen. Das Bimini-Rätsel.* München: Heyne 1981.

Nachträge

Cerminara, Gina: *Erregende Zeugnisse von Karma und Wiedergeburt.* München: Knaur 1983.

Currie, Ian: *Niemand stirbt für alle Zeit. Berichte aus dem Reich jenseits des Todes.* Goldmann 1982.

Gossler, Marcus: *Über die Widerlegung der Astrologie.* Die Sterne, Bd 60 (1984) H. 3, S. 172 ff.

Kusche, Lawrence David: *The Bermuda Triangle Mystery-Solved.* New English Library 1978.

Rýzl, Milan: *Der Tod und was danach kommt. Das Weiterleben aus der Sicht der Parapsychologie.* Goldmann 1983.

Sabom, Michael B.: *Erinnerungen an den Tod. Eine medizinische Untersuchung.* Goldmann 1983.

Wambach, Helen: *Seelenwanderung. Wiedergeburt durch Hypnose.* Goldmann 1984.

Personen- und Sachregister

Da die einzelnen Fragen in diesem Buch nicht nach einem formalen Kriterium geordnet sind, wodurch eine gezielte Suche erschwert wird, ist das folgende Register bewußt ausführlich gehalten. Das Symbol * verweist (bei mehreren Angaben) auf die Nummer jener Frage, bei der der jeweilige Begriff erklärt oder ausführlicher behandelt ist, ** bedeutet, daß alle anderen Angaben nur eine informative Auswahl darstellen, oder ganz weggelassen wurden, weil das Wort selbst sehr häufig auftritt. Zahlen, denen ein Doppelpunkt vorangeht, sind Nummern des Kommentar- und Anmerkungsteils. V bedeutet Vorwort und A Appendix (gefolgt von genaueren Angaben). Wörter, die zusätzlich in der etymologischen Liste enthalten sind, werden mit E gekennzeichnet, während der Buchstabe B auf die Bibliographie verweist.

Personenregister

Achtert, Lutz 25
Agpaoa, Antonio C. (1939 – 1982) 113
Andrade, Hernani Guimarães (*1913)
231, B
Arigó, Zé (1918/21 – 1971) 110f*

Backster, Cleve 66
Balfour, Arthur James (1848 – 1930)
137
Balfour, Gerald William (1853 – 1945)
: 16
Barrett, William Fletcher (1845 –
1926) 134f*, 139
Beloff, John (*1920) : 16, B
Bender, Hans (*1907) 5, 24*, 113, B
Bergson, Henri (1859 – 1941) 137
Beringer, Johannes Bartholomäus
(1667 – 1740) : 69
Berlitz, Charles (*1913) 469, B
Bernstein, Morey (*1919) 308, B
Black Hawk (1767 – 1838) : 18
Blavatsky, Helena Petrowna (1831 –
1891) 245
Blondlot, René (1849 – 1930) 398
Bloxham, Arnall 314f
Bochica : 66
Böhme, Jakob (1575 – 1624) : 31
Bond, Frederick Bligh (1864 – 1945) 59
Bouhamzy, Ibrahim (†1949) 310
Bouhamzy, Said (†1943) 310
Bouhamzy, Sleimann (*1943) 310
Brahe, Tycho de (1546 – 1601) 421
Braid, James (1795 – 1860) 119, : 11
Brendan of Clonfert (484/6 – 578)
499
Bro, Harmon Hartzell (*1919) 140
Brown, Rosemary 233, B
Bruno, Giordano (1548 – 1600) : 31

Cantor, Georg (1845 – 1918) : 45
Carington (bis 1933: Smith) Walter
Whatley (1884 – 1947) : 4, B

Carpenter, W. Boyd (1841 – 1918) : 16
Cayce, Edgar (1877 – 1945) 110, 115*,
140, 463
Chaffin, James L. 235
Christus → Jesus
Cleveland, Mrs. → Smead, Mrs.
Coeur, Jacques (1395 – 1456) 314
Condon, Edward Uhler (1902 – 1974)
: 63
Constant, Alphonse Louis → Lévi, E.
(Ps.)
Cook, Florence (1856 – 1904) 238
Coombe-Tenant, Winifred Margaret
Serocold → Willet, Mrs.
Cooper, Blanche : 19f
Coué, Emile (1857 – 1926) 130
Croiset, Gerard (1910 – 1980) 37f*
Crookes, William (1832 – 1919) 137,
197, 238
Cummins, Geraldine Dorothy
(†1968) 203
Curran, Pearl L. (*1883) 232

Däniken, Erich von (*1935) 498
Darwin, Charles (1809 – 1882) 139,
500, : 70
Davenport, Ira Erastus (1839 – 1877)
240*, : 25
Davenport, William Henry (1841 –
1911) 240*, : 25
David-Neel, Alexandra (1868 – 1969)
263, B
Davis, Andrew Jackson (1826 – 1910)
226*f
Davis, Gordon : 19
Dessoir, Max (1867 – 1947) 4, B
Dracula, Graf 376
Dragul 376
Driesch, Hans (1867 – 1941) 137
Dunne, John William (1875 – 1949)
85, : 8

Edison, Thomas Alva (1847 – 1931) 216

Einstein, Albert (1879 – 1955) 17, 409 414

Eisenbud, Jule (*1908) 48

Elawar, Imad (*1958) 310

Endor, Hexe von :17

Euler, Leonhard (1707 – 1783) :44

Evans, Jane (*1939) 314

Evans-Wentz, Walter Yeeling (†1965) 270, B

Fermat, Pierre de (1601 – 1665) 391

Flammarion, Camille (1842 – 1925) :16

Flaubert, Gustave (1821 – 1880) :31

Fleming, Alice Kipling → Holland, Mrs. (Ps.)

Flournoy, Théodore (1854 – 1920) :26

Ford, Arthur (1896 – 1971) 234, 241, B

Forgione, Francesco (1887 – 1968) :9

Fox, John D. 225

Fox, Kate (1841 – 1892) 225

Fox, Leah (1848 – 1890) 225

Fox, Margaret (1838 – 1893) 225

Frankenstein 337

Franklin, Benjamin (1706 – 1790) :31

Franz von Assisi (1181/2 – 1226) :9

Freitas, José Pedro de Arigó, Zé (Ps.)

Freud, Sigmund (1856 – 1939) :14

Fritz, Dr. 111

Garrett, Eileen (1893 – 1970) 243

Gauquelin, Michel (*1928) 356, B

Gell-Mann, Murray (*1929) :52

Geller, Uri (*1946) 42*f, B

Gifford, Robert Swaine 285

Gödel, Kurt (1906 – 1978) 388

Goethe, Johann Wolfgang von (1749 – 1832) :31

Goldbach, Christian (1690 – 1764) 391

Gossler, Erika (*1959) A II, :31

Gossler, Marcus (*1951) V, :32, B

Guirdham, Arthur 317

Gurney, Edmund (1847 – 1888) 135

Hahnemann, Samuel (1755 – 1843) 366

Hanussen, Erik Jan 79

Hardinge-Britten, Emma (1823 – 1899) :22

Hauser, Kaspar (1812 – 1833) 494

Hawking, Stephen (*1942) 432, B

Heisenberg, Werner (1901 – 1976) 405

Herder, Johann Gottfried von (1744 – 1803) :31

Herodot 76

Hodgsond, Richard (1855 – 1905) 244f*

Hörbiger, Hanns (1860 – 1931) 471

Holland, Mrs. (1868 – 1948) 230

Home, Daniel Dunglas (1833 – 1886) 197

Hoskin, Cyrus Henry (1911 – 1981) :37

Houdini, Harry (1874 – 1926) 241

Huxtable, Graham 315

Hynek, Joseph Allen (1910 – 1986) :63

Hyslop, James H. (1854 – 1920) :14

Institoris, Heinrich (†1505) :41

James, William (1842 – 1910) 137, :23

Jasbir (*1950) 318

Jesus 334, 381, 495

Johannes der Täufer 334

Joller, Melchior (1818 – 1865) 151

Jones, Reginald V. :65

Jourdain, Eleanor 73

Joyce, James (1882 – 1941) :52

Jürgenson, Friedrich 217

Julio 147

Jung, Carl Custav (1875 – 1961) 307, 348

Justinian (438 – 565) :31

Kardec, Allan (1804 – 1869) 228

Kasner, Edward :57, B

Kassandra 75

Katharina von Aragonien (1485 – 1536) 314

Kepler, Johannes (1571 – 1630) 421

Kilner, Walter (1847 – 1920) 158f*

King, John 238

King, Katie 238

Kipling, Rudyard (1865 – 1936) 230

Kirlian, Semjon Davidiwitsch 158, B
Koresh → Teed, C. R.
Krösus 76
Kulagina, Nina (*1927) 41
Kusche, Lawrence David 469, B

Laplace, Pierre-Simon (1749 – 1827) 396
Lee, Tsung Dao (*1926) 393
Leonards, Gladys Osborne (1882 – 1968) :24
Lessing, Gotthold Ephraim (1729 – 1781) :31
Lévi, Eliphas (1810 – 1875) 341
Levy, Walter J. 35
Liguori, Alphonso Maria di (1696 – 1787) 189
Linné Carl von (1707 – 1778) :64
Liszt, Franz (1811 – 1886) 233
Lodge, Oliver (1851 – 1941) 137, :24
Lodge, Raymond (†1915) :24
Löw, Rabbi (1520 – 1609) 379
Lorenz, Emilia (1902 – 1921) 313
Lorenz, Marta (*1918) 313
Lorenz, Paulo (1923 – 1966) 313
Lowell, Percival (1855 – 1916) 474
Lugdi (*1902) 309
Luria, Isaak ben Salomon (1534 – 1572) :30
Lyttelton, Mary 237

McDougall, Duncan :3
McDougall, William (1871 – 1938) 17, :14, :16
Mackal, Roy 487, B
Madog Owain Gwynedd 499
Maeterlinck, Maurice (1862 – 1949) :31
Maskelyne, John Nevil (1839 – 1917) :25
Mattaloni, Maria 59
Michailowa, Nelja → Kulagina N.
Mesmer, Franz Anton (1734 – 1815) 119, :11
Mischo, John (*1930) 24
Mitchell, Edgar (*1930) 28
Moberley, Anne 73

Monboddo, James Burnett (1714 – 1799) :70
Monroe, Robert Allen (*1915) 179*–185, 274, B
Moody, Raymond A. 275f*, 227f, A I, B
Morgan, Ann Owen 238
Morgan, Henry (1635 – 1688) 238
Moser, Fanny (1872 – 1953) 151, B
Müller, Catherine Elise → Smith H. (Ps.)
Muldoon, Sylvan Joseph (†1971) 180,B
Murphy, Bridey (1798 – 1866;?) 308
Murphy, Gardner (*1895) :16
Murray, Margaret (1863 – 1963) 369
Musselwhite, Colonel → Jones, R. V.
Myers, Frederick William Henry (1843 – 1901) 9, 135, 229*f, 274f

Nath, Kedar 309
Naumow, Eduard K. (*1932) :5
Neumann, Therese (1898 – 1962) :9
Nostradamus (1503 – 1566) 77

O'Connor, J. 69
Old Jeffrey 153
Oliveiro, Maria J. de (1890 – 1917) 313
Owain Gwynedd (†1170) 499

Paladino, Eusapia (1854 – 1918) 242
Pauli, Wolfgang (1900 – 1958) :39
Paulus 334
Pearce, Hubert E. 23
Pike, James Albert (1913 – 1969) 234, B
Pike, Jim (†1966) 234
Pio, Padre → Forgione, F.
Piper, Leonore Evelina Simonds (1859 – 1950) 230, 244*f
Piskator 154
Platon 463
Podi Menike (†1927) 311
Poe, Edgar Allan (1809 – 1849) :31
Post, Isaak 225
Powell, Evan (*1881) :18
Pratt, Joseph Gaither (1910 – 1979) 23, 147, B
Priamos 75
Puthoff, Harold 42, B

Puységur, Armand Marie Chastenet (1751 – 1825) :11

Quetzalkoatl :66

Ram, Sobha (†1954) 318
Rampa, Lobsang → Hoskin, C. H.
Ratran Hami (1904 – 1928) 311
Raudive, Konstantin (1909 – 1974) 217
Ravi Shankar (*1951) 312
Rayleigh, John William Strutt (1842 – 1919) 137
Rhine, Joseph Banks (1895 – 1980) 8, 15*–17, 138, 145, B
Rhine, Louisa Ella (1891 – 1983) 15, B
Richet, Charles (1850 – 1935) 137, :6, :15
Rivail, Hippolyte Léon Denizard → Kardec, A. (Ps.)
Roberts, Jane (1929 – 1981) 239, :23, B
Robertson, Morgan (1861 – 1915) 69
Rocha, Ruytemberg (1908 – 1932) 231
Roff, Mary (†1865) 282
Roll, William George (*1926) 147f, B
Rosma, Charles B. 225
Russell, Bertrand (1872 – 1970) 392, :71, B

Samuel (Prophet) :17
Saul (König) :17
Schiaparelli, Giovanni Virginio (1835 – 1910) 474
Schiller, Friedrich (1759 – 1805) :31
Schmeidler, Gertrud (*1912) 19
Schmidt, Helmut (*1928) 18, B
Schopenhauer, Arthur (1788 – 1860) :31, B
Schultz, Johannes Heinrich (1884 – 1970) 129
Schwarzer Falke → Black Hawk
Scopes, John Thomas :68
Scrutton, Robert J. :58, B
Serios, Ted 48
Seth 239, 259, 332, :23
Shanti, Devi (*1926) 309
Sheldrake, Rupert 496, B

Shelley, Mary Wollstonecraft (1797 – 1851) 377
Shelley, Percy Bysshe (1792 – 1822) 377
Sidgwick, Eleanor (1845 – 1936) :16
Sidgwick, Henry (1838 – 1900) 135, :16
Simmons, Ruth → Tighe, V.
Sinclair, Upton (1878 – 1968) 17
Sinha → Oliveira, M. J. de
Smead, Mrs. 249
Smith, Helène (1861 – 1929) 249
Soal, Samuel George (1889 – 1975) :16, :19f
Sprenger, Jacob :41
Steinschneider, Herman → Hanussen, E. J.
Stepanek, Pavel 27
Stevenson, Ian (*1918) 289, 295, 310–313, 318, B
Stoker, Bram (1847 – 1912) 376
Strutton, Frederic J. M. (*1881) :16
Swedenborg, Emanuel (1688 – 1772) 78, :31
Swift, Jonathan (1667 – 1745) 68

Targ, Russell (*1934) 42, B
Teed, Cyrus R. (1839 – 1908) 472
Temple, Robert K. G. (*1945) 483, B
Tenhaeff, Wilhelm Heinrich Carl (1894 – 1981) 37
Thompson, Frederic L. 285
Thomson, Joseph John (1856 – 1940) 137
Thoreau, David Henry (1817 – 1862) :31
Tighe, Virginia (*1923) 308, :36
Tischner, Rudolf (1879 – 1961) 88
Tolstoi, Leo (1828 – 1910) :31
Tony → Agpaoa, A. C.
Twigg, Ena (*1914) 234

Usener, Hermann (1834 – 1905) 218
Ussher, James (1581 – 1656) :67

Vennum, Mary Lurancy 282
Verrall, Arthur W. (1851 – 1912) 236

Verrall, Margaret (1859 – 1916) 236
Virakocha :66
Vlad IV 376
Voltaire (1694 – 1778) :31

Wagner, Richard (1813 – 1883) :31
Wallace, Alfred Russel (1823 – 1913)
  139
Wassiliew, Leonid Leonidowitsch
  (1891 – 1966) 40*f, :5
Weakman, Michael 225
Wesley, John (1703 – 1791) 153

Wesley, Samuel 153
Whitman, Walt (1819 – 1892) :31
Wijeratne, H. A. (*1947) 311
Willet, Mrs. (1874 – 1956) 230, 237
Wood, R. W. 398
Worth, Patience 232

Yang, Chen Ning (*1922) 393

Zener, Karl 16
Zutz, Sabine 25

Sachregister

Aberfan 70
Aberglaube 385
abmelden 268
Abominable Snowman :64
absoluter Nullpunkt 397, :51
abzapfen 213*, 215
Adept 364
Aeromantie :38
Affenprozeß (1925) :68
Agarthi 466
Agent 11
Age-Regression 297*, :34
Aggie 315
Aius Locutius 218
Akasha-Chronik 82*, 276
Akupunktur 164, 367*
Alästhesie 126
Alchimie 364, :40
Alektryomantie :38
Aleph 387*, :45
α Herculis :72
α-Strahlen 54
Alphabet 362
Alphawellen 54
American 308
Amerika (frühe Entdeckung) 499
Amputation 186
Amnesie :10, :32
Amulett 382
Anästhesie :10
Analogiezauber 343f*
Androide :43
Andromedanebel A IIIb–d
Animismus 5*f, 209, 257, 290, :20
Animus (Anima) 307
Anpsi 63
anthropisches Prinzip 461
Antichrist 362
Antimaterie 399*, 484
Apollo-14 28
Aposteln 334
Archäologie 59*, 380

Apport 61*f
Arizona-Krater → Cañon Diablo Krater
Asitie 99
Aspekt 352
ASPR 136*, :14
astral 162**
Astralexkursion 163, 166*–168, 170 – 185, 188, 209, 211, 250, 266, 271
Astralhülle 262
Astralkörper 157, 161*, 163–166, 173, 175f, 186f, 250, 253, 269, 276, 280
Astrallicht 174 (nach Lévi) 341
Astralprojektion 166, 178
Astrologie 347, 349*, 352f, 355–357
astrologische Planeten 349, 350*f, 353, 358
Astron 477
ASW → außersinnliche Wahrnehmung
ASW-Karten → Zener-Karten
Aszendent 351, 353
Atland 464
Atlantis 463*, 469
Atom A IIIe, f
Atombombe 414
Atomkern, 418, 449, 455, A IIIe
Attenuationseffekt 148
Augenblicksgötter 218
Aura 157, 158*–160, 173
Aureole 157
Auspizium :38
außersinnliche Wahrnehmung 1**, 14, 36, 58, (allgemeine) 31
Austauschreinkarnation 318*, :37
Australopithecus A IIIg
autogenes Training 129
automatische Literatur 202*f, 232
Automatismus 44, 199*–203, :10
Autosuggestion 343

Baby 297, :34, :70

191

Babinski-Reflex 297
Bär 374
Bahamas 463
Bakterien A IIIf
Bardo Thödöl 270, B
Belletristik 203
Bermuda-Dreieck 469*f
Berserker 374
Besessenheit 281*–283
Beteigeuze A IIIa, b
Betrug 30, 35, 112f, 240, 242, 248, :25
Bevölkerungszunahme :32
Beweis (Mathematik) 388, (für Psi) 14*, 30, :7
Bewußtsein 166, 168f, 326
Bibel 347, 358, 473, 500, :67f
Bibliomantie 347
Big Bang Modell 441
Bigfoot 489
Bilokation 188*–190
Bimini 463
Biofeedback 53
Biorhythmik 493
Birthmarks 298*, 312
Bischof 234, :16, :67
Black Hole 428 → Schwarzes Loch
Bleigießen 347, :38
blind :34
Blutregen 497
Blutwunder 383
Borley Rectory 246
Braidismus 119
Brandblasen :10
Brasilien 111f, 313

Cañon Diablo Krater 477, :61
Centilliarde :57
Cephalomantie :38
Ceres 476
Chakra 164
Charm (Physik) :52
χ^2(Chi-Quadrat) A I
Chibcha :66
China 367, 421
Chiromantie 347
Christentum 115, 267, 278, 283f, 286, 369–371, 500, :69

Clairvoyance → Hellsehen
CM Tauri 421
Computer 503 – 505, :50
Condon-Report :63
Control 208*f, 238, :18f
Crab Nebel 421
Critical Ratio (CR) A I
Cygnus X-1 431

Dämon 262, 284*, 372, E → Laplace' scher Dämon
Decline-Effekt 20
Defixion 343
Déja-vu 299
Delphi 76, 360
Dematerialisation 192
Demonstranten 344
Dermographie 102
Dermooptik 106
Determinismus 333
Dieppe-Fall 74
Dimensionen des Raumes 389
Dinosaurier A IIIg, :73
direkte Schrift 207
direkte Sprache 207, 218
diskarniert 142
Diskarnierung 301
Distanz (Einfluß auf Psi) 55
Divination 359
Dogma (gegen Reinkarnation) :31
Dogmatik 336
Dogon 483
Doodles 200
Doppelgänger 190
Doppelstern 415, A IIIb
Dowsing 44
13 (Zahl) 362
Drop-in 214
Duke University (Durham) 15*, 17, 23, 138
Dunne-Effekt 85
Durham → Duke University
Dyson-Schale 459

e :44
Earthbound Spirit 260*f, 267, 276, 278
Edghill 265

192

Eidos 275
Einstein-Rosen-Brücke → Wormhole
Ekliptik 351
Ektoplasma 103, 210*–212
Elektroenzephalograph 53
elektromagnetische Wellen 32
Elektron 137, 403, 408, 461, A IIIe
Elementarteilchen A IIIe, :52
Embryo 301
$E = mc^2$ 414
Endknall 438, 462, :74
Energie 414, 460
Engel 117, 262
England 153
Entelechie 502
Entwicklung 322, 328, 330
Eoanthropus 491
Epedemie 479
Erblichkeit (von Psi) 50
Erde 461, 472f, 500, A IIIa, b
Erdmagnetismus :65
Ereignishorizont 445
Ereigniszeit 462
Erinnerung 132, 183, 293*, :32, :71
Ernährung 99
Erschaffung der Welt 500, :67, :71
Esoterik 7**, 336
ESP 8 → außersinnliche Wahrneh-
    mung
Euler'sche Formel :44
Euler'sche Zahl (e) :44
Evokation 347
Evolution 139, 456, 500
ewig 438
Exorzismus 238
Expansion des Universums 432, 434,
    441f, 451, 455
Extra 221
extra-sensory perception 8 → außer-
    sinnliche Wahrnehmung

Fälschung 491, 495, 500, :69
Fakir 121, E
Faraday-Käfig 32
Fasten 99
Fegefeuer 267
Fermat'scher Satz 391

Fernhypnose 120
Fernsehen 43, 234, A IIIh, i
Feuergänger 212
Findhorn 67
Finnegans Wake :52
Fixstern A IIIa
Flachweltlehre 473
Flamme :38
fliegende Untertasse 482
Flutkatastrophe 478
Fokal-Effekt 27
formative Verursachung 496
Fossilien 500, :69
Frauen 370
Freiburg im Breisgau 24
Freiheitsgrade A I
FRNM 138
Frühlingspunkt 354

Gamma (γ)-Strahlen A IIIi
Gebrechen :35
Geburt 301, 349, :70
Gedächtnisschichten 132
Gedankenphoto 47
geheime Nachrichtenübermittlung :13
Geheimlehre 7, 365
Gehirn 165, 261, 293, 505, :27
Geist 5f, 111, 142*–144, 161, 208, 214,
    216, 219–221, 247, 256–260, 262,
    264, 271, 273, 275, 277, 282, 323, E
Geisterschlacht 265
Geisteskrankheit 261
Geistheilung 110*, 112f
gekrümmter Raum 440
Geld 112
Geschlecht 305, 307, 313
Geschlechtsverkehr 372
Geschwindigkeit 410, 412
Gespenst 143, 260, 266, E
Gibraltar, Straße von 478
Glastonbury 59, 380f
Glaube → Religion
Gleichzeitigkeit :53
Glücksspiele 60
goats 19
Götter 262, :61
Gold 364

Goldbach'sche Vermutung 391
Golem 379
Googol : 57
Googolplex : 57
Gott 96, 328, 370f, 500
Gral 381
Gravitationskonstante 480, : 56
Gravitationslinse 425
Gravitationswellen 415
Gruppenreinkarnation 316*f
gut und böse 337

Hades 275
Hahn : 38
Haluzination 125*f, 265, 272
Handauflegen 109
Handlinien 347
Hawking Effekt 432*f, 452, 460
HE → Historische Ära
Heiligenschein 157
Heisenberg'sches Prinzip 405
Helium 449
Hellsehen (Clairvoyance) 12**
Hepatoskopie 347
Hexagramm 361
Hexe 369*f, 373, : 42
Hexenhammer : 41
Hexenkulte (moderne) 369
High-Scorer 21**
Hilfsgeist 345
Himalaya 466, 488
Himmel 273
Hippomantie : 38
Historische Ära (HE) : 21**, 58
Höhlenmalerei 344
Hölle 273
Hohlweltlehre 472
Homo Nocturnus : 64
Homo Sapiens A IIIg
Homöopathie 366
Homunculus 378
Humor 259, : 52
Horoskop 351*, 353, E
Hydesville 225
Hypermnesie 296
Hyperraum 390
Hyperkubus : 47

Hypnose 118*–120, 132, 154, 296f, : 11,
    : 13, : 15
i 386
I Ching 361, B
IBPP 231
Ideologie V
Illusion 131
Illusion, Plane of 275
imaginär (Mathematik) 386*, 439
Incubus 372
Indianer 209, 499, : 18
Inhibitionseffekt 26*, 30
Inkarnation 296 → Reinkarnation
Inkarnierung 301
Inquisition 369, : 31
Innen-Erde 472, : 59
Instantonen 401
Intelligenz 51, : 27, : 34f; (künstli-
    che) 503 f
Intuition 128
Invokation 342*f
IPA 258
Irisdiagnostik 368
Islam 286

Jagdzauber 344
Januarius (Blutwunder) 383
Jenseits 255*, 275, 279
Jerusalem : 67
Juden 286, 379, : 67
Jupiter 350, 423, 476, A IIIa

Kabbala : 30
Kausalität 404
Kälte (paranormale) 222
Känozoikum A IIIg
Kaffeesatz-Wahrsagerei 91
Kambrium A IIIg
Karin (Fall) 154
Karma 333
Kartomantie 347
Katalepsie 175
Katastrophe, kosmische : 73
Katharer 317
Katholiken : 9
Kensington-Stein 490
Keromantie : 38
Kirlianphotographie 160*, 187

kleine grüne Männchen :55
Klopfgeister 220
Kobold 156, E
Komet 484
Konjunktion 352
Konnersreuth, Seherin von :9
Kontinuumsproblem :45
Kontrollgeist → Control
Konzil von Konstantinopel (533) :31
Koordinationspunkte 46
Kopfbewegung :38
Korrespondenzprinzip (Magie) 341
kosmologisches Prinzip 446
Krankheit 245, :35
Krater 477, 484, :60f
Kreationismus 500, :68f
kretisch-mykenische Kultur 463
Kreuzkorrespondenz 229f*, 236, 244,
    275
Kriminalistik 38
Kristallkugel 83
Kryptomnesie 291
Kugelblitz 486
Kybomantie 347
Kylikomantie :38

Läuterung 267
Lama (Tibet) :37
Λ-Hyperon A IIIh, i
Langeweile 273
Laplace'scher Dämon 396*, 405
lateinisches Quadrat :50
Leben 456, 458, 461, 479, 500, A IIIg
Leben (künstliches) 501 f
Lebend-Begraben-Lassen 104
Lebensgefahr 277
Leberschau 347
Leiche 101, 363, 375
Leichentuch von Turin 495
Leitmeritz (Prozeß) 79
Lemuria 468
Levitation 89*, 197
LGM :55
Licht A IIIi
Lichtdruck 479
Lichtgeschwindigkeit 410, 412, 414f,
    A IIIa–d, h, i

Lichtstrahlen 413, 462, :56
Lichtwesen 275, A II
Liebe 327
Light, Plane of 275
Lorentz-Kontraktion 412
Lourdes 114
LSD 125
Lucid Dream 133
lügen 209
Lügendetektor 66
Lungompa 105
Luzifer 117
Lykantropie 373

Magie 338*f, 340f, 345f, 348, E
Magnetismus :11
Makrobiotik 384
Malleus Maleficarum :41
Mandala 124
Mandan 499
Mangobaum-Trick :12
Mantik 360, 363, 347*f, :38
Mare Imbrium :60
Mars 350, 476
Marskanäle 474
Marsmonde 68
Marssprache 249
Martinique :8
Maschine, spiritistische 216
Masse (Relativitätstheorie) 412
Maßstäbe (Relativitätstheorie) 412
Materialisation 188, 192*
Materialismus 385, :32
Materie 414, 466
Mean Chance Expectation (MCE) A I
Meditation 123*, 129, E
Medium 194**
Meeting Case :28
Mehrfachtraum 90
Mengenlehre 392, :45
Mensch 335, 345f, A IIIg, :68, :70
Menschenaffen A IIIg
Meridian (Akupunktur) 367
Merkur 350, 475, A IIIa
Mesozoikum A IIIg
Metallbiegen → Geller, U.
Metempsychose :29 → Reinkarnation

Metensomatose :29 → Reinkarnation
Meteor 484
Meteoriten 477, 479, 481, 484, :60–62
Metoposkopie 347
Miami-Spuk 147
Milchstraße A IIIb–d
Militär :13
Mind over Matter 86
Mini Black Hole 433, 484
Mittelalter A IIIg
Mittelmeer 478
Moldavite 481
Molekül A IIIe, f
Mond 410, 477, A IIIa, b, :60
Mt. Pelée :8
Mord 225, 260, 262, 311f
Moro-Reflex :34
morphogenetisches Feld 496
Mu 465
Muttermal → Birthmark
Myon A IIIh

N-Strahlen 398
Nationalsozialismus 471
Nature 42
Naturkonstanten 461
Naughty-Little-Girl Theorie 152
Nautilus 34
Navajos :61
Nekromantie 363
Nessie 487
Neutrino 400, E
Neutron 418, 448
Neutronenstern 418f, 452
Nimbus 157, E
Nirwana 320
Niveauschwund-Effekt 248
Nördlinger Ries 481, :61
Nordpol 34, :59
null (Jahreszahl) :58
Nullpunkt, absoluter 397, :51
Numerologie 362
Numeromantie 362

OBE 167
Oera Linda Buch 464
Ohr des Dionysos 236
okkult 97**

Oneiromantie :38
Opposition 352
Orakel 76, 360*f
Ornithomantie 347
Ouija-Brett 204

Paläozoikum A IIIg
Palingenese :29 → Reinkarnation
Palmsonntagsfall 237
Parachemie 364
Paradoxon 392, 411
Paragnosie 36
Parakinese 84
Parallelwelt 182
Parapsychologie 4**, 30, 355
Parapsychology Foundation 243
Pararaum 390
Parität 393
Pearson'sches χ^2 A I
pendeln 44f
Périsprit 269
Perpetuum Mobile 388, 394*f
Perzipient 11
Pferd :38
Pflanze 66, :12
Phantasierauschen 115, 247*–249
Phantomeffekt 187, E
Phantomschmerzen 186
Philippinen 112f
Photographie 221
Photon 406
Phrenologie 347
π :44, :56
π-Meson A IIIh, i
Piltdown-Mensch 491*, 500
Piraten 209, 238
PK → Psychokinese
Planchette 204f*
Planeten 452, 455, 459, 475f → astrologische Planeten
Planetoiden 476
Platzexperiment 38f*
Plumbomantie 347, :38
Pluto A IIIa–c
Poltergeist 55, 144*–150, 152–156, 234, 246, E
Polygraph 66

posthypnotischer Befehl :10
Poughkeepsie, Seher von 226
Präastronautik 498
Präexistenz 287*, :31
Präkambrium A IIIg
Präkognition 13**, 31, 57, 85
Prämonition 13 (unterschwellige) 94
Priester 370
Primzahl 391, :48
Proton 418, 448, 461
Proxima Centauri A IIIa–c
Proxy-Sitzung 215
Prozeß 79, 312, 500
Psi (Ψ) 3**, 95
Psi-hit 19
Psi-missing 19*, 28
Psi-Spuren 81*, 382
Psi-Trailing 64
Psyche 169, 322, 324–372, 331
Psychoanalyse :14, :38
Psychokinese 2**, 14, 84, 145
Psychokoaleszenz 325
Psychometrie 80*f
Psychotomie 324
Psychotronik 87
Pulitzer-Preis 232
Pulsar 419*–421
Pyramidenenergie 492
Pyromantie :38

Quadrat, lateinisches :50
Quadratur 352
qualitatives Experiment 17, 33*
Quantentheorie 405, 409
quantitatives Experiment 21f
Quark :52
Quasar 416, 424*f, E

R101 243
Radiästhesie 45
Radio 32, 247, 505
Raps 219*f, 225
Ras Algethi :72
Rasierklingen 492
Rationalisierung :10
Rauch :38

Raum-Zeit-Kontinuum 436, 439*f, 453
Raumschiff 410f, 436, 482
Reinkarnation (Inkarnation) 115, 228, 270, 274f, 286*–292, 294–323, 325, 329, 331, 333, 335f, :31–33, :35f
Reinkarnations-Amnesie :32
Relais 165
Relativitätstheorie 409*, 413f, :56
Religion V, 108, 273, 278, 286, 306, 333f, 336, 347, 369, 385, 472, 500
Religionsdrama 334
Reliquie 495
Reperkussion 211
Reproduzierbarkeit (von Psi-Phänomenen) 30
Retrokognition 12, 73f
Riesenmolekül A IIIf
Ringexperiment 62, :7
Römer 218
römische Zahlzeichen 362
Röntgenstrahlen A IIIi
Roman 203, :52
Rosenheim-Spuk 149
Rosenkreuzer 466
Rote Riesen :52
RSPK 145
Rundfunk A IIIh
Runen 490

Sabbat 358
Säugetiere A IIIg
Sahara 497
St. Pierre :8
San Gennaro (Blutwunder) 383
Santorin 463
Sasquatch 489
Satan 117, 371*
Satanskult 370
Saturn 350
Saurier 500, A IIIg, :73
Schafgarbenorakel 361
Schamanen 224
Schauplatz (I) 180, (II) 181, 185, (III) 182f
Schlaf 168f
Schlangenträger (Ophiuchus) 354

Schmerz 180, 254, :10
Schrödinger-Gleichung 407
Schwachsinn :35
Schwarzer Zwerg 423*, 452
Schwarzes Loch V, 426f*–436, 445,
    452f, 455, 460, 484, :52, :56
Schwarzschild-Radius 427, 429,
    431–433, 445, :56
Schwerkraft 410, 422, 480
Schwingungen 279, A IIIh, i
Scrying 83
Seaford-Spuk 150
Séance 198**, 214f, 223
666 (Zahl) 362
Sechster Sinn 92
Seele 3, 193, :31, E (Gewicht) :3
Seelenknappheit :32
Seelenwanderung :29→Reinkarnation
Seiltrick, indischer 122
Sekte 67
Sekundärpsyche 324
Selbsthypnose 129, 178
Selbstmord 260, 262, 278*, 313
Senilität 261, 301
Sensitive 22
Serialität 348
Sexualität 280, 369
Shamballah 467
SHC-Phänomene 155
sheep 19
Sibirische Finsternis 485
7 (Zahl) 358
Silver Cord 166, 171f, 174, 176f
Singularität 427*, 441
Sintflut 500
Sirius 422, 483, A IIIb
Skepsis V, 19
Sonne 400, 413f, 460f, A IIIa, b, :54
Sowjetunion 40f, :5
Spiegelbild 393
Spiritismus 5f*, 7, 134, 206, 216, 226,
    228, 239, 243, 363
Spontaneität 327
Sporen (interstellare) 479
SPR 134f*–137, 229f, :16
Spuk 141*, 144, 149, 151, 153f, 225,
    246, 260, E

Stanford Research Institute 42
Statistik 14, 30, A I*, :15
Steady State Modell 442
Steigrohr des Unterbewußtseins 88
Stein der Weisen 364f
Steinzeit 344
sterben 250**, 268, 271f, 275
Sterbedrama 272f
Stigmatisierung 107, :9
Stockholm (Brand 1756) 78
Strangeness :52
Styx 272
Subjektivität (Mikrophysik) 408
Succubus 372
Suggestion 122
Summerland 227
Supermassive Black Hole 434*, 452
Supernatural Rescue 251, 277*
Supernova 420*f
Sweethearts-Experiment 29
Synchronizität 347f*

Tabu-Tod 343
Tachyonen 402
Taufe 283
Technik 182
Teilchen-Welle-Dualismus 406
Tektite 481
Telekinese 2
Telepathie 9**, E
Tennessee :68
Testament 235
Teufel 117, 262, 283, 372, 500
Teufelssee 470
Theologie V, 500
Theosophische Gesellschaft 245
Thera 463
Thompson-Gifford Fall 285
Thought-Pictures 47
Tibet 100, 105, 262, 270, 467
Tibetanisches Totenbuch 270*, 275,
    B
Tier 35, 63–65, 304, 306, 325f, 335,
    345, A IIIg, :32, :70
Tierkreiszeichen 354*, 380
Times :65
Tischrücken 206

Titanic 69
Titius-Bode'sches Gesetz 476
Tod 252f, 268, 271, 275f, 301
Todestag : 6
Tonbandstimmenphänomen 217
Totenbeschwörung → Nekromantie
Totenbett-Vision 271
Trance 132, 196, :13, E
Trance-Gehen → Lungompa
transfinite Zahl :45
Transmutation der Elemente 364
Transsylvanien 376
Traum 85, 133, 170, :6, :8
Traumdeutung :38
Trockenbleiben, paranormales 103
Tulpa 143, 188, 262*–266, 278, 326
Tumo 100
Tunkuska 484
Tunnel A II
Turiner Leichentuch 495

Übergeist-Kommunikation 184
Überlichtgeschwindigkeit 402, 416
übernatürlich 95
Überriesen 426*, A IIIa
überunendliche Zahlen → transfinite
    Zahlen
UFO 482, 484, :63
Uhrenparadoxon 411, :53
unendlich 387, 437, 441
unendlichdimensionaler Raum 389
Universum 279, 437–439, 441–444,
    446–456, 458, 461f, 500, A IIIc, d
    (esoterisch) 229
Unterbewußtsein 88, 209, 247
Unverweslichkeit 101
urinieren :34
Urknall 438, 441, 443f, 449, 450f, 462
Utrecht 37
UV-Strahlung A IIIi

Vakuum 401
Vampir 375, E
Vardögr 191
Venus 350
verbotenes Licht :52
vererbte Erinnerung :33
vergessen 291, :32

Versailles-Abenteuer 73
Verschiebungseffekt :4
Vier-Farben-Problem 391
vierdimensionaler Raum 389, 439*
Vinland 490
Viren A IIIf
Vision 78, 127*, 271, E
Vogelflug 347, :38
Voltura 223
Vulkan (Planet) 475

Wachs :38
Wachstum (Pflanzen) :12
Wärmestrahlung A IIIi
Wahrsagekarten 347
Wahrscheinlichkeit 14, 404, 407, A I
Wahrscheinlichkeitssystem 332
Wahrscheinlichkeitswellen 407
Wasseradern 46
Wasser-Molekül A IIIe, f
Wasserstoff-Atom A IIIe, f
Watseka-Wunder 282
Weisheit 327
weiße Indianer 499
Weißer Zwerg 422*f, :52
Weißes Loch 435*f
Weiterleben nach dem Tod V, 229f,
    288
Wellenmechanik 407
Welteislehre (WEL) 471
Weltgedächtnis → Akasha-Chronik
Welthorizont 444*f
Weltpunkt 439
Werwolf 373*f
White Hole → Weißes Loch
Widersprüche (Mathematik) 388, 392,
    :46
Wiedergeburt → Reinkarnation
Willenskraft 341
Winkeldreiteilung 388
Wirbeltiere A IIIg
Wissenschaft 4, 30, 355f, 500
Wolken :38
Wormhole 436
Wraith 266
Wünschelrute 44*–46
Würfel :47

Wunder 98
Wunderheilung 108*, 114
Wunderkinder 300

Xenoglossie 295

Yates'sche Korrektur A I
Yeti 488*f, :64
Yin und Yang 384
Yoga 116
Yogis 116
York 314

Zauberei 340
Zeit 322, 330, 410f, 417, 439f, 443, 462, :56, E
Zeitreise 417

Zeitalter der Hadronen 448*, 454, A IIIh
Zeitalter der Kernreaktionen 449
Zeitalter der Schwarzen Löcher 452*f, :74
Zeitalter der Sterne 451*, :74
Zeitalter der Strahlung 450
Zeitungshoroskop 353
Zeitverzerrung (hypnotische) :10
Zelle A IIIf
Zener-Karten 16
Zivilisation 457, 460, 482, :55
Zufall 14
Zufallszahlengenerator 14, 18
Zweites Gesicht 93
Zwischenzeiten (bei Reinkarnation) 302*, 374, :32